TURQUIE

GRÜND

Texte original
Auretta Monesi

Adaptation française
Hélène Varnoux

Secrétariat d'édition
Yannick Le Bihen

Coordination éditoriale
Maria Valeria Urbani Grecchi
Enrico Lavagno

Maquette
Paola Piacco

Turquie

SOMMAIRE

1 Ce carreau de céramique, de diverses tonalités d'azur et de bleu sur fond blanc, fait partie des panneaux muraux de la salle de la Circoncision située à l'intérieur du palais de Topkapi. Autrefois les faïences et céramiques les plus prisées étaient fabriquées à Iznik.

2 ET 7 La vie animée d'Istanbul et la majesté de l'architecture ottomane ne manquèrent pas d'inspirer les artistes européens : une lithographie du XIXe siècle s'inspirant d'un tableau d'Eugène Flandin restitue la fascination exercée par cette ville, à l'époque où elle était encore la capitale d'un empire puissant.

3 À 6 Avec une population de plus de sept millions d'habitants, en croissance constante, et dispersée sur un territoire gigantesque, Istanbul, dont les édifices ne dépassent généralement pas trois étages, s'étend à perte de vue de la mer Noire à la mer de Marmara.

Première édition française 2002
par Éditions Gründ, Paris

ISBN 2-7000-2567-9
Dépôt légal : 2002
Édition originale 2002 par White Star S.r.l., sous le titre : *Turchia*

PAO : Bernard Rousselot, Paris
(ouvrage composé en Galliard)
Imprimé en Italie

10 AU CENTRE À GAUCHE
Les maisons de pêcheurs de Kekova se dressent sur la côte lycienne où il est courant de rencontrer des sarcophages, des fortifications byzantines et des ruines de villes submergées par de lents mouvements sismiques. La transparence de l'eau est telle que l'on peut discerner à l'œil nu des chapiteaux et des tronçons de colonnes au fond de la mer.

10 EN BAS À GAUCHE
À Kata Kalesi, près de Nemrut Dagi, le tombeau-mausolée d'Antiochos Ier, se dressent les ruines de Yeni Kale, ou la « nouvelle forteresse », une citadelle mamelouke érigée pour défendre l'arrière-pays turc, région qui au cours des siècles fut constamment exposée aux incursions d'envahisseurs originaires d'Anatolie.

10-11 En dépit des opérations menées pour développer l'industrie touristique, la côte méditerranéenne de la Turquie possède encore des lieux restés intacts, comme en témoigne cette plage de Kekova, île célèbre pour ses ruines submergées.

11 EN HAUT À GAUCHE
La vallée de Baglidere, en Cappadoce, est hérissée d'« obélisques » naturels, tours de tuf aux formes bizarres dues à une érosion millénaire des strates de cendres volcaniques, déposées par de très anciennes éruptions.

11 EN HAUT À DROITE
Le territoire de l'ancienne Lycie est plutôt escarpé, réhaussé de reliefs qui se prolongent dans la mer tout le long d'une côte magnifique, que l'on peut explorer en barque : un paradis de fonds limpides et de criques désertes.

10 EN HAUT À GAUCHE
Les champs de tournesol, ainsi que ceux de blé et de coton, constituent les cultures les plus importantes et sont disséminés sur l'ensemble du territoire turc. En Anatolie, région où l'activité agricole est la plus intense, des contrées arides peu cultivées alternent avec des zones extrêmement fertiles.

trésors archéologiques de la côte, qui nous font revivre avec force cette « grécité » dont est issue notre culture. Que dire aussi de la splendeur calligraphique que l'on peut décrypter sur les céramiques d'Iznik, ornées de couleurs traduisant une imagination insoupçonnée ? Où pourrait-on trouver une extravagance géologique semblable à celle que Mère nature a créée en Cappadoce, avec ces flèches pierreuses qui ont offert asile et abri aux bergers, aux anachorètes et aux moines qui, pendant des siècles, y ont creusé des logis, des étables, des ermitages, des églises, des monastères et des cités rupestres ? Sans parler des cataractes pétrifiées de Pamukkale, splendide formation calcaire, unique au monde, tout comme la Cappadoce. Imaginons ensuite les châteaux forts des croisés et les caravansérails, auberges archaïques destinées aux caravanes de marchands avec leurs infatigables chameaux, qui transportaient leurs produits à travers l'Afrique et l'Asie.

Sa position géographique en équilibre entre l'Occident et l'Orient traduit parfaitement l'âme de ce pays, ses plus vives aspirations et son héritage historique. Les gratte-ciel d'Istanbul n'ont pas entraîné la disparition du vieux bazar, les minarets existent tout comme les plages bondées, les kilims anatoliens ne recouvrent plus le sol des tentes nomades mais les halls d'hôtel. Les contrastes constituent un autre sujet de fascination, conférant à ce pays un « je-ne-sais-quoi » d'irrésolu, d'attrayant et d'inconnu. En effet, si d'un côté le nombre de femmes coiffées d'un foulard augmente, de l'autre la foule des jeunes filles en jeans, témoignage de leur occidentalisation, ne régresse pas, en particulier dans les grandes villes.

L'attrait de la Turquie, de fait, ne tient pas seulement à ses paysages et à son histoire, mais également à ses habitants. Ne tenant pas compte d'événements politiques et de positions extrêmes, demeurées étrangères à la majorité de la population, les Turcs ont su garder leur dignité et leur sens de l'hospitalité. Dans le village anatolien le plus reculé, on ira vers l'étranger pour lui offrir le plat que l'on vient tout juste de sortir du four commun, ainsi que les abricots qui ont mûri au soleil sur la terrasse de chaque maison de paysans.

Les Turcs apprécient les étrangers, un fait qui a résolument favorisé l'expansion de l'industrie touristique, devenue aujourd'hui l'un des piliers de l'économie. Comme ailleurs, cette expansion, au cours des deux dernières décennies, ne s'est pas faite sans erreurs : la poussée excessive de la construction n'a certes pas profité à certains paysages dont la beauté n'est plus qu'un souvenir. Le problème était de faire vite, de réaliser en un temps record un réseau d'hôtels et de résidences capable de concurrencer les infrastructures touristiques offertes par la Grèce, l'ex-Yougoslavie, l'Espagne et l'Italie. Les avantages étaient et restent évidents : sur la côte turque, la mer n'est pas polluée – à l'exception d'une partie du littoral où les villages de pêcheurs sont devenus des

12 EN HAUT
La bibliothèque hellénistique de Celsus, à Éphèse, l'un des plus importants bâtiments de cette ville autrefois culturellement très active.

12-13 La lumière du coucher du soleil s'attarde sur le visage de Zeus Oromandes, au premier plan, photographié depuis la terrasse orientale du complexe funéraire d'Antiochos Ier, sur le mont Nemrut Dagi.

«villes de vacances» –, et sur de nombreux kilomètres on peut toujours profiter de criques et de plages tranquilles, de rades désertes, de golfes dans lesquels les senteurs des pins maritimes se mêlent à celles de la mer.

La bande côtière, heureusement, demeure magnifique, et ses abords secrets, accessibles par bateau à voile se révèlent l'un après l'autre. Sur toute la côte, les poissons servis le soir dans les restaurants ne pourraient guère être plus frais.

Istanbul, qui fut pendant des siècles le symbole d'une ville cosmopolite et multiculturelle, mérite qu'on lui réserve

13 EN HAUT À DROITE
Colonnes du temple d'Apollon et d'Athéna à Sidé, nom qui signifie « grenadier » dans le dialecte local.

13 AU CENTRE À DROITE
Entre les ruines du théâtre de Hiérapolis, ville gréco-romaine réputée pour ses thermes, on aperçoit le grand escalier desservant la cavea. Les gradins calcaires de Pamukkale se trouvent juste à côté.

un chapitre, car elle justifie à elle seule le voyage. Multiple et colorée, elle fut durant ces dernières décennies prise d'une frénésie d'urbanisation qui porta à plus de sept millions le nombre de ses habitants. Le revers de la médaille d'une Turquie moderne est l'intense attraction exercée par les villes, et Istanbul en premier lieu, sur les habitants des campagnes, qui arrivèrent par familles entières. Ils s'installèrent d'abord dans des habitations provisoires, appelées *geçekondo*; par la suite, on leur attribua des logements ouvriers, en périphérie des villes. Encore aujourd'hui, Istanbul, Ankara et Izmir doivent affronter un phénomène qui connaît une tendance inverse dans le reste de l'Europe.

Le cœur de l'ancienne Byzance est constitué de trois quartiers historiques répartis sur les abords de la Corne d'Or, autour de Sultanahamet, de Sainte-Sophie, et de Topkapi, le palais des rois. *Les Mille et une Nuits*, au lieu de se dérouler dans les palais de l'Irakienne Bassora, auraient parfaitement pu être racontées dans le palais fabuleux des sultans, enchâssé entre le Bosphore et la Corne d'Or, souvenir quelque peu trouble des harems et odalisques. L'Istanbul la plus recherchée, et la plus vraie, doit se parcourir à pied, par ses ruelles, en allant et venant par le bazar, en sirotant un véritable café sous une fraîche tonnelle de vigne, loin du vacarme du trafic urbain. La modernisation de la capitale est progressive, sans pour autant occulter sa fascination pour le passé : le café de l'écrivain Pierre Loti, qui se passionna pour l'Orient, se dresse toujours sur la colline d'Eyüp. Ce lieu du passé n'a pas été transformé, à l'instar de Kariye Camii, la magnifique église de Saint-Sauveur-in-Chora, dans laquelle on peut admirer les plus belles mosaïques byzantines au monde, et qui est toujours entourée par un quartier dans lequel ont survécu les dernières maisons en bois, les *yali*. On a beaucoup détruit, mais aussi sauvé, des pavillons des derniers sultans aux jardins parsemés de parterres débordants de *lale*, ces tulipes magnifiques tant prisées par les souverains. Subsistent aussi des palais à l'architecture disproportionnée, comme ceux de Dolmabahçe et Beylerbey, construits avec une force baroque inversement proportionnelle au pouvoir des derniers Ottomans, sorte de témoignage « à contre-courant » du déclin de la Sublime Porte.

La Turquie réussit à concilier la capitale d'un empire qui fut à la fois païen, chrétien et islamique aux espaces déserts de l'Anatolie, dans l'arrière-pays. Elle associe également sans contrastes excessifs des centres importants et modernes comme Ankara, capitale sortie de l'oubli et conçue à l'image des métropoles rationnellement organisées, ou l'industrielle Bursa, qui a quasiment oublié son passé de capitale ottomane, à une ville comme Konya, religieuse et austère.

Et ce n'est pas tout. Il reste beaucoup à découvrir au cœur de régions passionnantes, ignorées des touristes pressés. Il existe des endroits qui se distinguent des destinations les plus fréquentées : la mer Noire, calme, paisible, avec sa côte verdoyante et ses cultures de thé et de tabac, la Cappadoce, riche en vallées magiques et solitaires, la côte méridionale, avec ses villages où l'on vit de la pêche et où l'hospitalité est la règle, et l'Anatolie, véritable écrin de trésors archéologiques peu touchés, curieusement, par les circuits touristiques. Que dire également de Gordion, où l'on peut admirer l'étonnant tumulus du roi Midas, des extraordinaires monastères rupestres cachés dans les défilés des montagnes qui ourlent la côte de la mer Noire, avec le couvent de Sumela au premier plan !

Il est donc réducteur de limiter la connaissance de ce pays à quatre ou cinq lieux obligés. La Turquie mérite bien davantage, tant pour rendre justice à sa dimension historique, qui remonte à l'aube de la civilisation, qu'aux merveilleux paysages qui la composent et qui nous apparaissent tantôt familiers, tantôt exotiques.

La Turquie est tout cela et plus encore, comme le parfum des épices et du vent qui se dégage des lieux solitaires de l'Antiquité et qui se mêle à la brise tiède de la Méditerranée : c'est un pays vibrant d'émotions auxquelles on ne peut échapper.

13 EN BAS À DROITE
Dans l'ancienne cité qui longe la bande côtière, les Romains ont laissé des témoignages grandioses de leur art : ce panneau de mosaïque représentant le dieu Océanos et la déesse Thétis, conservé au musée d'Antakya (Antioche), date du IVe siècle apr. J.-C. ; il fut découvert lors de fouilles effectuées sur le territoire de l'antique Daphné, aujourd'hui appelée Herbiye.

14-15 Que l'on considère la forêt de coupoles de Topkapi (l'immense palais du sultan), la Sublime Porte, la vue panoramique sur le détroit du Bosphore et son intense va-et-vient de navires qui relient la côte occidentale d'Istanbul, en Europe, à celle orientale, en Asie : tout concourt à ce que cette ville riche en symboles soit considérée comme la capitale « morale » de la Turquie.

ANADOLU
SIGORTA

TURKISH MARITIME LINES

Roumanie
mer
Noire
Bulgarie
Edirne
Bosphore
Istanbul
Sile
Uskiidar
Izmit
mer
de Marmara
Dardanelles
Çanakkale
Bursa
Iznik (Nicée)
Sakarya
Troie
Grèce
mer
Égée
Bogazkale
Hattousas
Ankara
Gordion
Pergame
Lesbos
Chios
Ermo
lac
Tuz
Cap
Izmir
(Smyrne)
Sardes
Lydie
Pamukkale
Éphèse
Meandro
Konya
Milet
Didymes
Samos
Aphrodisias
Bodrum (Halicarnasse)
Perge
Kaunos
Aspendos
Marmaris
Fethiye
Antalya
Side
Cnidos
Xantos
Lycie
Alanya
Myra
Kalkan
Kas
Rhodes
Kastellorizon
Crète
Chypre
mer
Méditerranée

Cappadoce : les cheminées des fées.

La côte de la mer Égée.

Nemrut Dagi : sanctuaire de la reine Karakus.

Sardes : la Cour de Marbre.

DU NÉOLITHIQUE À NOS JOURS

L'histoire de la Turquie se caractérise par une alternance de splendeur et de décadence, et si elle n'a guère connu de longues périodes de tranquillité, elle a indéniablement contribué à l'enrichissement de l'Europe. Son origine se perd dans la nuit des temps ; elle demeure secrète, donnant lieu à diverses conjectures, étayées par des légendes rarement vérifiables et par des mythes que l'on connaît mal.

Le mystère qui enveloppe les premières heures de ce grand pays contribue à le rendre encore plus fascinant lorsque l'on souhaite sérieusement le connaître et le comprendre. C'est ainsi que demeurent inexpliquées les villes souterraines de la Cappadoce, tout comme les représentations des déesses stylisées, saisissantes mais inquiétantes, que l'on a

18 EN HAUT
Cette effigie acéphale de la déesse de la fertilité provient d'un important site archéologique : Çukurdent. En calcaire poli, elle date du IIIe millénaire av. J.-C., et elle est actuellement conservée au Ashmolean Museum d'Oxford.

18 CI-CONTRE
Ce vase anthropomorphe daté de 5500 av. J.-C. fut mis au jour par un groupe d'archéologues anglais à Hacilar, implantation urbaine majeure de l'Anatolie préhistorique. Construite à côté d'une source, la cité montre neuf niveaux de stratifications, compressés entre le Chalcolithique et le Néolithique.

18-19 Les premiers habitants de l'Anatolie étaient des bergers, mais également des chasseurs, comme en témoigne cette scène qui représente un épisode de chasse avec beaucoup de réalisme. Cette peinture provient des grottes de Catal Höyük ; elle est conservée au musée des Civilisations anatoliennes à Ankara.

mises au jour en excavant le sol. De la culture anatolienne est née l'une des premières civilisations reconnues comme telles, localisée au cœur d'une péninsule qui fait office de région plateforme, et qui s'acquitte d'une tâche importante : relier à la manière d'un pont gigantesque l'Europe et l'Asie. De la nuit du Paléolithique émergea Catal Höyük, qui renferme plusieurs centres protopalestiniens pas très différents de celui de Jéricho – la ville la plus ancienne au monde – comme le confirme la présence d'une population sédentaire en mesure de modeler la terre cuite, d'exécuter des fresques et des graffiti, de cultiver la terre, d'élever du bétail, de tisser et de vivre en communauté tout en respectant des rites et des cérémonies honorant des divinités bien précises : la déesse mère et le taureau, symboles de la fertilité. La culture de Catal Höyük date du VIIe millénaire av. J.-C., celle d'Hacilar du Ve millénaire. Ce dernier site archéologique montre une abondance de pièces raffinées en terre cuite ou en cuivre qui laisse présumer un niveau culturel plus avancé, équivalent à celui qui fut établi lors des premières fouilles archéologiques de Troie par Schliemann. C'est durant cette même période que l'histoire bascula de l'âge de Pierre à celui du Bronze, lorsque le territoire anatolien fut gouverné par des souverains-bergers et disposa d'une communauté

urbaine autosuffisante qui réussit à établir des relations commerciales avec la Mésopotamie et, sans doute, aussi, avec l'Égypte.

C'est également à cette époque reculée que cette civilisation en vint à connaître son premier bouleversement violent : l'invasion des Hittites, installés à Hattousa, l'actuelle Bogazkale, non loin de Kayseri, en Cappadoce. Les Hittites parlaient une langue indo-européenne et, si l'on ignore toujours d'où ils venaient, leur puissance militaire fut dévastatrice lorsqu'elle exerça brièvement sa suprématie sur l'Asie Mineure. À partir de 1600 av. J.-C., l'expansion de l'Empire hittite fut telle qu'elle engloba un vaste territoire regroupant aujourd'hui la Syrie, la Jordanie et Israël, arrachés à l'Égypte. Les pharaons de l'Empire du Nil, et tout particulièrement Ramsès II, redoutaient que les Hittites puissent les évincer de leur trône.

Les Hittites possédaient une écriture cunéiforme que l'on a pu déchiffrer grâce à la découverte de tablettes d'argile à Bogazkale et sur d'autres sites. Ils ont laissé, par ailleurs, des céramiques, des statuettes, des bijoux, des armes et des ustensiles en fer, des bas-reliefs et

20 Provenant de Karkemish, ce bas-relief représentant un prince hittite remonte au début de l'Empire.

21 À GAUCHE
La déesse de Hasanoglen, à l'expression pensive, est recouverte d'une feuille d'or et ornée de deux anneaux d'or aux chevilles; elle est datée entre 2600 et 1900 av. J.-C.

21 AU CENTRE
Mis au jour sur le site hourrite majeur d'Ourartou, dans la région du lac de Van, ce bas-relief du Ier millénaire av. J.-C., montre une influence babylonienne évidente.

21 À DROITE EN HAUT
Bien que leur histoire soit en partie seulement connue, on sait que les Hittites parlaient une langue indo-européenne et utilisaient une forme d'écriture cunéiforme. Le panneau présenté ici raconte la vie du roi Katuvas.

des édifices somptueux. Les raisons de leur déclin, rapide et irréversible, demeurent inexpliquées. Entre toutes les hypothèses qui paraissent crédibles, on peut avancer celle-ci : il semble qu'au début du IIe millénaire av. J.-C., s'abattit le long de la côte anatolienne une vague d'invasions provenant du nord-est, sans doute des Doriens, apparentés aux Achéens, et qui par leur campagne de conquêtes amorcées avec la prise de Troie, mirent un terme au processus de développement de la région. En cela, le récit d'Homère fait véritablement office de première chronique historique de tous les temps. On peut considérer la péninsule anatolienne de cette époque comme un authentique *melting pot*, dans la mesure où elle accueillit des groupes ethniques très divers : les Hourrites implantés dans la zone sud du lac de Van et leurs voisins, les Mitanniens, qui fondèrent le royaume de Mitanni (à l'origine de la langue araméenne) et qui étaient présents dans les régions actuellement confinées à la Syrie, ainsi que les Cariens, les Lyciens et les Phrygiens. Ces derniers, originaires de Thrace, soumirent la presque totalité des régions occidentale et centrale. Leurs capitales furent Midas Sehir (l'actuelle Yazili-Kaya) et Gordion, qui tient son nom de son souverain, Gordien, le père de Midas, à l'origine d'une légende célèbre. Alexandre le Grand, en effet, ne pouvant défaire le nœud gordien fait par le roi, le trancha, un oracle ayant promis l'empire d'Asie à celui capable de le dénouer. Le tombeau du roi Midas fut

22 Cette tête en albâtre, datant de l'époque ptolémaïque, représente Alexandre le Grand, le chef macédonien qui a contribué à la pénétration de la culture hellénistique sur la côte méditerranéenne de la Turquie.

22-23 Cette célèbre mosaïque mise au jour à Pompéi illustre la bataille d'Issos, dont l'issue décida de l'irrésistible avancée en Asie Mineure de l'armée d'Alexandre le Grand, qui vint à bout des Perses de Darius.

retrouvé intact à Yassihöyük, mais, ironie du sort, sans une once de l'or qu'il était censé contenir. Le destin des Phrygiens nous est rapporté par Hérodote, qui raconte comment ils succombèrent devant les invasions des Cimmériens, puis des Lydiens, fondateurs de la ville de Sardes, siège du trône de leur dernier roi, Crésus (561-546 av. J.-C.). Ce dernier est d'ailleurs considéré comme le premier numismate de l'histoire, dans la mesure où il fut l'inventeur de la frappe de la monnaie.

La longue bande côtière offrant de belles richesses naturelles et bénéficiant d'un arrière-pays hospitalier, vit éclore pendant cette période de magnifiques

villes commerciales grecques, des *polis* autosuffisantes qui vont circonscrire sur la carte une unité hellénique dont les frontières territoriales et culturelles engloberont pendant de nombreux siècles la côte turque.

La richesse de ces villes ne se limita pas au commerce par mer et par terre. Leur essor reposait également sur une activité agricole florissante. Elles furent, enfin, de formidables creusets culturels : le mathématicien et philosophe Thalès est originaire de Milet, Eudoxe l'astronome de Cnide.

Au milieu de cette pléiade de royaumes et de puissances, de populations qui pour certaines furent vaincues, pour d'autres l'emportèrent, surgit alors la force conquérante de Cyrus, le roi de Perse. En 546 av. J.-C., en effet, son armée, partie de Persépolis, défit les Lydiens dès leur premier affrontement et fit prisonnier Crésus.

À la disparition de Cyrus, ses successeurs, Darius et Arsès, poursuivirent son œuvre expansionniste. La domination perse se montra si dure, si insupportable par sa violence et la pression des tributs exigés, que les populations locales ne cessèrent de s'y opposer par tous les moyens jusqu'à ce que, en 334 av. J.-C., telle la foudre, Alexandre de Macédoine traverse l'Hellespont pour mener la campagne militaire la plus rapide et la plus retentissante de toute l'histoire, avec la victoire du Granique en 334 av. J.-C. et celle d'Issos en 333 av. J.-C. sur Darius III.

L'avènement d'Alexandre le Grand représenta un tournant décisif pour la destinée de l'Asie Mineure. De fait, le véritable vainqueur fut la civilisation hellénistique, qui imprégna définitivement les villes côtières, puis celles de l'intérieur. Le grec devint la langue officielle, on construisit des théâtres, des écoles, des palais, des aqueducs, des bibliothèques, des remparts et des temples, tandis que l'art et la science ne furent jamais aussi florissants. La profondeur et le rayonnement de la culture grecque touchèrent jusqu'aux villes d'Asie Mineure qui entretenaient des relations commerciales avec la totalité du monde alors connu. Mais la mort d'Alexandre, précoce et inattendue, mit

24 CI-DESSOUS
La ville Sardes faisait montre de sa richesse tant par la majesté de ses édifices publics que par le raffinement de détails décoratifs, comme en témoigne ce panneau en marbre polychrome.

brusquement un terme à cette formidable avancée. Le Macédonien s'éteignit à Babylone en 323 av. J.-C., et ses généraux n'attendirent pas longtemps pour se partager son empire et se lancer dans une série de querelles, d'intrigues et de guerres. Parmi les lieutenants d'Alexandre, Lysimaque fut tué par Séleucos, souverain d'Antioche (aujourd'hui Antakya) et fondateur de la dynastie des Séleucides, à la bataille de Corupedium. À son tour, Séleucos fut éliminé par Ptolémée Keraunos. Au sein de cette constellation de trônes et de territoires, surgirent les Galates, un peuple d'origine celte : ces nouveaux venus furent à l'origine d'un énième royaume, celui de Galatie dont la capitale était Ancyra, l'actuelle Ankara.
À la même époque, dans la région du lac de Van, s'installèrent les Arméniens, peuple d'origine phrygienne qui connut son heure de gloire sous le règne de Tigranes Ier, vers 90 av. J.-C. Tandis que, sur la côte de la mer Noire, dans la région du Pont, vers 300 av. J.-C., la dynastie des Mithridates régnait. Parmi toutes ces monarchies, la plus significative fut celle de Pergame. Son influence et sa puissance furent à leur apogée en 250 av. J.-C., avec la dynastie des Attalides, qui l'emportèrent sur les Galates par leur volonté expansionniste. Ce fut grâce à Attale III que s'amorça une longue période de domination romaine en Turquie. En effet, en mourant, le souverain, qui avait fait de Pergame un centre culturel avec la création d'une immense bibliothèque, légua en héritage à Rome sa cité-État, lui ouvrant ainsi la porte de l'Asie

Mineure. La marche conquérante à travers l'Anatolie et le long de la côte ne fut guère une entreprise difficile pour la Cité éternelle. Le seul obstacle sérieux fut l'opposition de Mithridate, qui ne fut vaincu qu'après plusieurs batailles livrées par Sylla et Pompée. À ce dernier, par ailleurs, revint le mérite d'avoir mis un terme à la piraterie qui sévissait le long de la côte. Jules César acheva le démantèlement du pouvoir de Mithridate, qui se suicida en 66 av. J.-C. afin de ne pas subir la honte de l'asservissement, après la défaite de son fils Pharnace, à Zela. C'est à cette occasion que César prononça les mots devenus célèbres : « Veni, vidi, vici ». Pour consolider leur position, les Romains durent aussi affronter l'armée du roi Antiochos III, à Magnésie. Écrasés par une telle puissance, de nombreux petits souverains jurèrent fidélité à leur nouveau « maître ». La *Pax romana* introduisit la paix et la tranquillité dans toute la région. L'administration fut pragmatique et constructive : l'agriculture se développa tout comme le commerce. Le haut plateau anatolien, avec ses espaces infinis parcourus uniquement par les bergers et les nomades, et ses riches terres propices à la culture, n'était pas différent des bandes de terre fertiles longeant la côte de la

24 À GAUCHE
Le site archéologique d'Éphèse – ici, un détail de la porte d'Hercule – est le plus étendu et parmi les plus anciens de la Turquie.

25 EN HAUT
Le visage protégé par un bouclier, un guerrier de Thrace en ordre de bataille est représenté sur cette stèle funéraire en marbre clair : la dalle fut érigée par Ammias en souvenir de son époux Antaios.

25 EN BAS
Fondée par les Lydiens, la ville de Sardes devint le siège de leur dernier roi, Crésus (VIᵉ siècle av. J.-C.), personnage qui fit l'objet de nombreuses légendes fantaisistes, mais qui, en réalité, fut à l'origine d'une des plus anciennes frappes de monnaie de toute l'histoire. Sur cette image, on peut apprécier un détail de la Cour de Marbre.

mer Noire. Cette province si vaste et surprenante, où coexistaient des cités raffinées imprégnées de culture hellénistique, des steppes sauvages et des reliefs montagneux, plut aux Romains. Auguste fit d'Ankara une ville importante, tandis que Marc-Antoine et Cléopâtre fréquentèrent assidûment la côte et choisirent Antakya pour leur mariage.

De multiples facteurs, cependant, mirent fin à cette époque « florissante ». Tout d'abord, en 258, l'arrivée des Goths transforma l'Anatolie en terre brûlée, tandis que les Perses, à l'extrémité est, s'employèrent à franchir les frontières en déferlant sur les territoires romains. Les empereurs Claudius et Dioclétien, confrontés à ces deux dangers, parvinrent à les détourner, mais une menace bien plus subtile et irréversible se profilait à l'horizon : le développement du christianisme. Inexorablement en dépit d'une répression systématique, la nouvelle foi affaiblit la crédibilité du pouvoir impérial.

La prédication de Paul, originaire de Tarse, en Cilicie turque, répandit à une vitesse extraordinaire la parole du Christ. Missionnaire infatigable, Paul voyagea dans le sud du pays et le long de la côte : l'homélie qu'il prononça à Éphèse est restée célèbre. D'après la légende, l'apôtre Jean se retira dans les pressoirs d'Éphèse en même temps que Marie, la mère du Christ. Selon des fouilles archéologiques, il semble que leur demeure présumée se trouvait à peu de distance.

À l'abdication de Dioclétien, le trône impérial revint à Constantin, lequel, conscient de l'impossibilité de maintenir l'Empire romain dans ses acquis territoriaux, fit un choix original en transférant la capitale de l'Empire à Byzance, la Nouvelle Rome, rebaptisée Constantinople. L'empereur continua à étonner ses sujets en se convertissant à la nouvelle foi et en la proclamant religion d'État. Pour combattre les foyers d'hérésie, Constantin organisa également le

26-27 Le concile de Nicée représente une étape décisive dans la codification du christianisme. Sur cette mosaïque conservée dans l'église de S.S. Quattro Coronati de Rome, on voit l'empereur Constantin remettre au pape Sylvestre la tiare symbolisant le pouvoir temporel confié au chef de l'Église.

concile de Nicée – le premier concile œcuménique de l'histoire – afin d'épurer le christianisme des doctrines qui s'éloignaient des enseignements du Christ.

Lors de ce concile, l'arianisme – qui s'opposait à la consubstantialité du Christ – fut banni, tandis que la profession de foi chrétienne fut codifiée par des canons disciplinaires, règles et dogmes nicéens.

Au milieu de tant de ferveur on assista à un « déferlement » d'ermites, d'anachorètes, de visionnaires pris entre fanatisme et spiritualité sublimée, qui choisirent de vivre dans la solitude et la méditation, la chasteté et les mortifications, tandis que d'autres optèrent pour la prédication prosélyte afin d'accroître le nombre des fidèles.

C'est surtout en Cappadoce que ces hommes trouvèrent des lieux adaptés à leur vocation, et on assista à la formation de communautés monacales dans les grottes et les cavités naturelles caractéristiques de la région. Dans le même temps, le paganisme s'éteignait inexorablement.

Les temples furent abandonnés et saccagés, les effigies et statues furent détruites et mutilées, mais quelques cultes parvinrent à survivre secrètement, comme celui de Mitra.

À la même époque, se déroulait à Constantinople le couronnement de Justinien (482-565), un souverain ambitieux, qui parvint à reconquérir une partie du royaume byzantin en Italie qu'il arracha aux Goths, et qui obtint également des victoires dans les Balkans, en Afrique du Nord et en Anatolie. La capitale fut embellie par le souverain et par son épouse, l'énergique et audacieuse Théodora ; on construisit des monuments, on entreprit de gigantesques travaux, le monument le plus magnifique ayant survécu jusqu'à nos jours étant la basilique Sainte-Sophie.

Justinien fut un juriste apprécié, mais également un collecteur d'impôts impitoyable, ce qui ne lui valut guère l'amour de ses sujets.

Peu après sa mort, les Lombards chassèrent à nouveau les Byzantins d'Italie.

Cinq années séparent la mort de Justinien de la naissance de Mahomet à La Mecque. L'événement fut d'une portée immense dans la mesure où il marqua la naissance de l'islam, la reli-

27 EN BAS
Une des plus célèbres mosaïques byzantines orne la magnifique église de San Vitale, à Ravennes, édifiée au VIe siècle apr. J.-C. Au centre est représenté Justinien, richement vêtu et ceint d'une couronne posée sur sa tête auréolée ; l'empereur est flanqué de l'archevêque Maxilimien, du général Bélisaire et de quelques dignitaires de la cour.

28-29 L'ère des Croisades est faite de lumière et d'ombre. L'armée des chevaliers et des aventuriers européens pénétra au Moyen-Orient en conquérant les villes et en parsemant de places fortes les territoires de l'Islam : ici est représenté l'épisode de la prise d'Antioche.

gion des tribus arabes, qui trouvèrent en elle un motif fort de ralliement.

Dans le même temps, d'autres hordes barbares se répandaient dans la péninsule turque – les Avars, les Slaves et beaucoup d'autres ethnies – tandis qu'aux frontières du sud-ouest les Perses reprenaient leurs invasions. La cour de Constantinople, pendant ce temps, était le théâtre de conspirations, de régicides et de corruptions.

La décadence, inévitable, entraîna avec elle la disparition de la classe cultivée, impuissante et lâche.

L'unique épisode positif pour l'Empire de Byzance, mais non décisif, fut la victoire d'Héraclius sur les Perses en 628. En 654, l'invasion de l'Anatolie par les Arabes se révéla définitive. Après s'être emparés d'Ankara, ils firent subir à Constantinople un blocus qui dura quatre ans, sans parvenir toutefois à s'emparer de la ville. Le mérite de cet échec revint à la puissance des murailles érigées par Théodose II, inscrites encore aujourd'hui, en partie, dans le cœur urbain d'Istanbul.

Au nom d'Allah et de son prophète Mahomet, les régions occupées par les Arabes se virent imposer la langue, la religion et l'écriture de leurs nouveaux maîtres. Le prosélytisme islamique fut rapide et convaincant. Parmi les arguments utilisés il y eut celui de la taxe que

les non croyants devaient verser, tandis que les convertis en étaient exemptés.

Au VIIIe siècle, en Orient, débuta le mouvement religieux de l'iconoclasme, une étrange croisade contre les images du Christ, de la Vierge et des saints. Tous les visages de saints, d'anges, du Christ ou de la Vierge furent fendus au couteau, abîmés, ou rayés violemment sur les fresques, les mosaïques et les tables en bois peint.

À Constantinople, en revanche, entre les deux factions qui s'opposaient sur le problème de l'iconoclasme, l'emporta celle qui défendait la représentation humaine dans l'imagerie sacrée ; la survivance des chefs-d'œuvre artistiques fut ainsi garantie pour les siècles à venir. Luttes intestines particulièrement cruelles, conjurations de palais, trahisons et crimes sanguinaires redoublèrent mais n'empêchèrent pas les Byzantins d'obtenir une victoire éphémère lors d'une guerre exténuante, visant à maintenir leurs frontières. Basile III

29 EN HAUT
Les croisés défendirent Constantinople contre les musulmans, mais se livrèrent également à des pillages et, finalement, dévastèrent la capitale de l'Empire romain d'Orient. Cette miniature fait partie du manuscrit du XIIIe siècle Las cantigas de Santa Maria, *conservé à la bibliothèque de l'Escurial, à Madrid. Elle représente le siège de la ville.*

29 EN BAS
*La chaise à haut dossier figurant dans l'*Oracle de Léon le Sage, *un manuscrit grec conservé à la bibliothèque nationale de Palerme, est une allégorie de la défaite des Ottomans devant les chrétiens : la miniature symbolise le trône vide de Constantinople.*

réussit, de fait, l'exploit de réoccuper une partie des territoires passés aux mains des Arabes. Toutefois, pour accroître l'infortune des Byzantins, les Croisés décidèrent de rallier Jérusalem, lors de la quatrième Croisade, pour libérer le Saint Sépulcre. Parvenus à Constantinople en 1204, ils se livrèrent à un pillage en règle de la ville, qu'ils incendièrent, ainsi qu'à un massacre effroyable de ses habitants.

C'est dans ce décor trouble et agité qu'apparurent les Turcs seldjoukides, auxquels l'histoire de la Turquie doit ses splendeurs et sa décadence. Les Turcs constituaient un ensemble de populations nomades venues d'Asie centrale au début du VIIIe siècle av. J.-C. Ils s'installèrent tout d'abord à Ispahan et se convertirent à l'islam. Excellents soldats, ils servirent comme mercenaires le calife abbasside Al-Mutasim, en formant le noyau dur de son armée. De fait, ils se rendirent à tel point indispensables que, en quelques décennies, ils réussirent à s'emparer du pouvoir.

Les Seldjoukides – une tribu turque originaire d'Asie centrale, appartenant à la branche Oghuz – remportèrent d'innombrables victoires. Ils soumirent notamment les Byzantins à Manzikert, en 1071, et emprisonnèrent leur empereur. Leur avancée triomphale paraissait alors inexorable ; ils transférèrent la capitale d'Ispahan à Nicée lorsqu'apparut à l'horizon le péril mongol incarné par l'armée dévastatrice de Genghis Khan. La rencontre fut terrible et vit la défaite des Seldjoukides à Sivas. Tout semblait perdu lorsque les Mongols, imprévisibles, se retirèrent comme ils étaient venus, tout aussi rapidement et inexplicablement, dans leurs steppes.

C'est alors qu'Ertugrul, un petit prince féodal seldjoukide, commença à reconquérir le territoire investi par les Mongols. Son fils, Osman (1281-1326), appelé le *Ghazi*, ce qui signifie « le combattant de la foi », poursuivit avec succès la mission de son père. En 1288 prit naissance l'Empire d'Osman, qui donna son nom à la dynastie ottomane. Son premier geste fut d'investir Bursa, puis Andrinople (Edirne), en Thrace, une ville qui occupait une position clé pour le contrôle des Balkans. Il s'ensuivit une série de victoires contre les Byzantins. Le fils d'Osman, Orhan, poursuivit le projet de suprématie ottomane de son père, en recourant tantôt aux armes, tantôt à la diplomatie : il épousa en effet Théodora, la fille du prétendant au trône de Constantinople. Au sage et modéré Orkhan, un homme d'armes et un fin politicien, succéda Murad Ier (1359-1389), nettement plus impétueux et d'humeur plus belliqueuse que son père. Celui-ci se pro-

30 EN BAS À GAUCHE Ce vase en cuivre incrusté d'or et d'argent fut fabriqué par des orfèvres de la cour pour le sultan Orhan en 1330. Comme l'exige la religion islamique, les silhouettes anthropomorphes se firent plus rares, voire disparurent tout à fait.

30 EN HAUT AU CENTRE, EN BAS ET À DROITE Ces miniatures, qui font partie de la collection Stapleton, montrent quelques-uns des sultans qui régnèrent durant les siècles de la splendeur de l'Empire ottoman : de haut en bas, Osman Ier, Orhan et Murad Ier. Dans le magnifique palais de Topkapi, le corps de la garde spéciale du sultan commit d'innombrables crimes, mais, simultanément, une culture musicale et artistique s'y développa, inscrite dans la tradition de la Turquie.

31 EN BAS
Conservé au musée du Louvre, ce flacon en céramique de type « céladon », d'un vert azur pâle caractéristique, est orné d'un fermoir en or finement ciselé au burin. Il date du début du XIV*e siècle.*

31 À DROITE
Extraite d'une édition du XIII*e siècle du* Livre des Merveilles *de Marco Polo, conservé à la Bibliothèque nationale de France, cette miniature est consacrée au premier voyage du père et de l'oncle de Marco Polo, représentés ici en présence de l'empereur Baldovino II.*

32 Dans cette scène, les plaisirs du harem sont chastement représentés. Le sultan est Ahmet III, dont le règne s'étendit de 1703 à 1730.

33 EN HAUT À GAUCHE *Les influences orientales sont évidentes si l'on considère les montures, des chameaux d'Asie centrale.*

33 EN BAS À GAUCHE *L'ordre mongol porta un coup dur à l'expansion islamique. Les Mongols de Tamerlan conquirent les territoires du sultan et imposèrent une domination féodale. Cette miniature datant du XVe siècle illustre un combat équestre.*

33 À DROITE *Le sultan Murad II régna de 1421 à 1451. Sur les miniatures ottomanes, les souverains sont représentés dans une attitude paisible et méditative, tout en appréciant le parfum d'une fleur ou en admirant un bijou.*

posa d'agrandir son royaume à la région balkanique et il comprit vite que l'entreprise se révélerait beaucoup plus facile en transférant la capitale ottomane à Edirne, en Thrace, autrement dit en terre européenne.

C'est à cette époque, au milieu du XIVe siècle, que fut créé le corps d'élite des janissaires, véritable garde prétorienne du sultan. Ces soldats étaient des fils de chrétiens convertis de gré ou de force à l'islam, retirés dès leur plus jeune âge à leur famille et élevés avec une infinie dureté. Une forme de recrutement qui explique sans doute, en partie, la cruauté, mais aussi la vaillance dont ils faisaient preuve au combat. Plus tard, lorsque ce mode de recrutement fut modifié, les qualités de ce corps armé déclinèrent rapidement.

Murad Ier concrétisa en partie son projet expansionniste en conquérant une vaste zone des Balkans, et poussa largement vers l'ouest, mais finit par mourir de la main d'un esclave sur la terre nouvellement conquise.

Son fils, Beyazid Ier (1389-1402), surnommé *Yildirim* «la Foudre», institua, pour sa part, la coutume criminelle de faire étrangler les frères ou autres prétendants qui pouvaient compromettre la stabilité du trône. Beyazid fut également celui qui, en 1396, infligea une défaite terrible, et définitive, à la dernière armée des croisés. Il caressa alors le projet de s'emparer de Constantinople, mais fut détourné de son entreprise par l'arrivée d'un nouvel adversaire : le Mongol Timur Lengh (Tamerlan le boiteux). Tamerlan prit les armes pour défendre certains de ses vassaux disséminés en Anatolie, face à l'expansion territoriale déclenchée par Beyazid. La défaite ottomane fut totale, et les invincibles janissaires furent exterminés par les Mongols. Fait prisonnier, Beyazid préféra se suicider. Tamerlan, assoiffé de revanche, élimina toute trace du règne de Beyazid et fit massacrer les vassaux et les quatre fils de son implacable adversaire. Mais à la mort du chef mongol, les héritiers Ottomans se livrèrent à une vengeance fratricide qui vit la

victoire de Mehmet, en 1413. Son fils Murad II rendit à la dynastie son faste précédant la disgrâce de Beyazid, tandis que Mehmet II s'empara de Constantinople en 1453, et se fit appeler *Fethi*, le Conquérant. Mehmet II mit également fin à la dynastie des Paléologue, mais, surtout, détruisit le dernier rempart de l'Empire romain d'Orient en hissant les couleurs de l'islam sur la capitale, alors chrétienne. Le lendemain de la victoire ottomane, la ville impériale changea de nom pour celui d'Istanbul. Orchestrée par le Vénitien Giovanni Giustiniani, la défense courageuse et désespérée de Constantinople ne servit à rien : l'empereur Constantin XI fut le dernier

empereur à ceindre la couronne la plus chargée d'Histoire.
Pendant que se scellait définitivement le destin de Byzance à l'intérieur des murailles de Théodose, la vie traditionnelle et pastorale de la vaste Anatolie se poursuivait, immuable, quasi inconsciente de la tourmente sanguinaire qui s'était déchaînée et des transformations subies par l'histoire politique de l'Europe centrale.
Après la conquête de Constantinople, désormais appelée Istanbul, le prince Süleyman, ou Soliman, s'installa sur le trône. À cette époque, le pouvoir des janissaires dépassait largement les limites acceptables, et leur arrogance mettait à dure épreuve la vie de la cour. Soliman passa dans l'histoire sous le nom de Soliman II le Magnifique. Son règne (1520-1566) dura presque un demi-siècle, savant dosage de sagesse et de cruauté, de culture et d'intrigue, de tolérance et de répression.
Au cours de son long règne, Soliman entretint des rapports personnels avec plusieurs souverains d'Europe, dont François Ier, et marqua de son empreinte non seulement son pays mais tout le continent. À la pointe la plus orientale de l'Europe et dans la capitale la moins européenne, Istanbul, s'épanouit un authentique siècle d'or, une période de magnificence et d'humanisme islamique qui vit le jour grâce à un souverain admiré tant pour ses qualités humaines que de chef d'État.
Homme d'une indubitable intelligence et clairvoyance politique, Soliman sou-

34 Tous les sultans ne privilégiaient pas les plaisirs de la cour : certains étaient de valeureux soldats et de très habiles stratèges. Sur cette miniature, Soliman le Magnifique est représenté alors qu'il participe en première ligne aux affrontements pendant la bataille de Mohacs.

35 EN BAS À GAUCHE
Pour les adversaires du sultan et pour ceux qui ne soumettaient pas à la foi islamique, le châtiment était démesuré. Cette miniature, datant de 1566, représente deux ambassadeurs faits prisonniers sur ordre de Soliman.

haitait donner à tous les habitants de son vaste empire des lois équitables et les protéger ainsi des brimades et des injustices. La justice devait être à la base de l'État, elle devait défendre tous les sujets du royaume, sans distinction, mais inversement, ces derniers devaient comprendre que le respect de la Loi était impératif. Bien évidemment, ces règles s'appliquaient uniquement au peuple, le souverain, pour sa part, pouvant déroger à leurs contraintes. Ainsi, dans sa vie privée, Soliman se rendit coupable d'actes condamnables selon la morale qu'il avait lui-même énoncée.

Les succès militaires de Soliman confirmèrent la perspicacité du souverain en matière de stratégie. En 1529, les armées ottomanes arrivèrent jusqu'aux portes de Vienne mais ne pénétrèrent pas dans la ville. Précédemment, elles étaient déjà parvenues à occuper et à se rendre maître des États balkans, de la Hongrie, de la Grèce, de toute la bande côtière de l'Afrique du Nord, du Soudan, de la Somalie et de l'Éthiopie. La Syrie, la Jordanie, le Liban, Israël, le Koweit, l'Arabie Saoudite, l'Iran et l'Irak furent également faciles à soumettre : la puissance ottomane atteignit son apogée à cette époque.

On comprend que les puissances européennes aient pris peur devant un tel expansionnisme, apparemment invincible, mais qui prit néanmoins fin lorsque Soliman, mécontent du résultat de ses conquêtes, ne souhaita plus se préoccuper du sort de l'Europe, et n'entreprit plus d'autres campagnes.

Ayant déposé les armes, le sultan endossa le rôle de mécène des arts, de la musique et de la littérature. La cour d'Istanbul accueillit les plus grands artistes de l'Empire et d'Europe. Les plus précieuses miniatures auxquelles la période ottomane doit sa célébrité pour leur élégance, la précision de leur exé-

35 EN HAUT À DROITE
Istanbul est le sujet de cette miniature tirée de l'œuvre de Matrakji intitulée Le Voyage. *La représentation souligne la géographie très particulière du lieu et met en valeur, avec la présence des vaisseaux au premier plan, l'importance de l'activité portuaire de la ville.*

35 EN BAS À DROITE
L'expansion de l'Empire ottoman atteignit son apogée au moment où fut dessinée cette carte géographique, au tout début du XVIIe siècle, par Jodocus Hondius. Elle rend compte de façon admirable de l'étendue des territoires de la Sublime Porte.

cution et le charme des sujets, furent réalisées à cette époque.
Le grand architecte Sinan, d'origine chrétienne, converti au Coran et créateur des plus belles mosquées de l'Islam, fut protégé par Soliman, qui lui commandita des palais, des ponts et des *madrasa*, les écoles coraniques. Istanbul devint d'une beauté incomparable, et la cour impériale reçut le nom de Sublime Porte.
Les artisans, par ailleurs, affinèrent leur savoir-faire et créèrent des objets d'une grande maîtrise artistique : marqueterie pour le bois et la nacre, travail du métal en repoussé ou au burin, tissage de la soie, faïence majolique peinte, verre monté au plomb, production d'armes finement historiées. Le commerce n'avait jamais été aussi florissant, que ce soit par voies maritimes ou par voies terrestres, avec les caravanes qui se rendaient jusqu'en Afrique, en Perse et en Inde. À cette époque le port d'Istanbul était considéré comme le plus prospère et le plus fréquenté au monde.
Soliman protégea la poésie et la philosophie, l'astronomie et les autres disciplines scientifiques et humanistes : tout ce qui, par la suite, fit dire aux historiens que le règne de ce souverain fit véritablement office de Renaissance pour l'Empire ottoman.
Un tel faste et une telle ferveur culturelle ne dissimulaient cependant pas l'ampleur des crimes commis à la cour. La faute la plus grave de Soliman fut commise à l'instigation d'une femme, son épouse favorite, Roxelana, d'origine européenne. Celle-ci fut l'initiatrice des intrigues qui allaient tant peser sur certaines décisions de Soliman et le sort de son entourage.
Roxelana, «rebaptisée» Hürrem, eut un fils du monarque, Selim, un retardé mental. Malgré cela, pour lui assurer la succession sur le trône, elle n'hésita pas à pousser le sultan à faire assassiner ses deux fils aînés, Moustafa et Beyazid, auxquels revenaient de droit la charge et l'honneur d'occuper le trône de l'Empire ottoman.
Les autres machinations meurtrières ordonnées dans le secret du harem de Topkapi, le splendide palais royal qu'avait fait ériger Mehmet le Conquérant, résultèrent de la révolte des janis-

36-37 Comme le figure cette peinture du XVIIe siècle conservée au palais de Topkapi, les réceptions de la cour de Soliman III se déroulaient de préférence dans la magnifique salle des Audiences, dite Az Odasi.

36 À GAUCHE
Mehmet II, qui occupa le trône de la Sublime Porte durant la seconde moitié du XVe siècle, est représenté ici en train de respirer le parfum d'une fleur. Les détails de cette miniature permettent de reconstituer la mode vestimentaire de l'époque.

36 À DROITE
Le sultan Beyazid sous-estima les qualités militaires des envahisseurs mongols. Fait prisonnier au cours d'une bataille, il fut longuement humilié par son ennemi Tamerlan : l'épisode représenté sur cette miniature se déroule durant la seconde moitié du XVIIe siècle.

saires. Après la mort de Soliman, ces derniers s'enhardirent au point de séquestrer et d'assassiner un sultan, Osman III. Ces troubles, ajoutés à une fermeture totale aux innovations techniques originaires d'Europe, amorcèrent le lent déclin de l'Empire. Ainsi, le pouvoir s'opposait par tous les moyens à l'introduction de l'imprimerie, qui, en Europe, était déjà diffusée depuis plus d'un quart de siècle.

37 EN HAUT
Le palais de Topkapi, à Istanbul, est le sujet de cette miniature, qui fait partie d'un manuscrit du XVIIe *siècle conservé au Museo Correr de Venise. Cette illustration a le mérite de saisir les éléments qui en caractérisent l'architecture, c'est-à-dire la forêt de coupoles et de minarets.*

La cour d'Istanbul fut montrée du doigt pour la perversité et l'immoralité de certains comportements. Ainsi, Mehmet III fit massacrer ses dix-neuf frères aînés par crainte que l'un d'entre eux ait la velléité de conspirer contre lui et de l'évincer du trône. Pour ne pas s'exposer à une condamnation unanime pour avoir recouru à de telles pratiques, Ahmet Ier décida de ne pas supprimer ses éventuels rivaux, mais de les emprisonner à vie dans une prison surnommée la Cage d'Or, dont il était impossible de s'évader.

Pendant ce temps, en Méditerranée, les pirates ottomans sévissaient. Le plus célèbre de ces brigands maritimes fut Piri Reis, un corsaire qui était prêt à toutes les exactions pour s'emparer d'un butin. Venise, depuis toujours l'ennemie impitoyable des Turcs, décida de mettre fin à l'insécurité sur mer et fit alliance avec l'Espagne et le Vatican. Dans un premier temps, la flotte chrétienne fut défaite devant Famagouste, port de l'île de Chypre, alors possession vénitienne, mais prit peu après une formidable revanche à Lépante (7 octobre 1571). Cette défaite marqua l'anéantissement de la marine turque. En 1683, l'armée ottomane, menée par le grand vizir Kara Mustafa, fut écrasée devant les portes de Vienne au cours d'une ultime tentative pour renverser la dynastie des Habsbourg. Avec la défaite de Vienne est conjuré le péril turc, tandis que la légende de l'invincibilité ottomane se démentait de plus en plus fréquemment.

Le changement d'itinéraire emprunté par le commerce international, avec la découverte de l'Amérique et l'ouverture de nouvelles routes maritimes pour rejoindre l'Inde et l'Extrême-Orient, fut une autre cause fondamentale du déclin de l'Empire ottoman. Istanbul et la Turquie ne représentaient

plus le passage obligé pour les voies de communication vers l'est, et la fabuleuse Porte d'Orient perdit son monopole séculaire de carrefour du monde. On commença alors à considérer la Turquie non plus avec crainte mais avec curiosité, pour ses coutumes si différentes de celles en vigueur en Europe. À partir du XVIIIe siècle, les peintres, les écrivains et les voyageurs, en quête d'inspiration, prirent le chemin d'Istanbul. L'orientalisme devint à la mode. Le harem, la langueur et la volupté, les vêtements somptueux, la langue et l'écriture incompréhensibles, la polygamie, les parfums et les soies, tout cela excitait l'imagination de ceux qui décrivaient, souvent en la déformant à la manière romantique, la réalité d'un mode de vie et la culture millénaire d'un pays si différent.

Toujours plus détachés de la préoccupation d'un gouvernement alors entre les mains des courtisans, des eunuques et des concubines, les sultans concédaient fréquemment à des agents européens le

38-39 La bataille de Lépante – représentée sur ce tableau commémoratif du XVIIe siècle – se déroula le 7 octobre 1571 et vit la défaite de la flotte turque devant les troupes chrétiennes, coalisées pour former la Ligue Sacrée.

39 EN HAUT
En Europe centrale, les Autrichiens furent appelés à affronter l'expansion turque : ils subirent des défaites, mais obtinrent aussi des victoires décisives qui écartèrent pour toujours la menace d'une invasion ottomane. Sur cette estampe du XVIIe siècle, on aperçoit la ville de Raab, reconquise par les Habsbourg.

39 EN BAS
Cette gravure, qui appartient à la collection Stapleton du XVIIIe siècle, offre une vue de Constantinople, qui en réalité s'appelait déjà Istanbul, avec sa forêt de tours et de minarets, les coupoles de ses mosquées, la Corne d'Or et le mur défensif de la ville.

soin de gérer et d'exploiter les secteurs majeurs de l'économie de l'Empire ottoman. Ces délégations, appelées Capitulations, confièrent ainsi l'industrie du coton, du tabac, de la poste, des chemins de fer, et tous les centres vitaux de la production à des étrangers, en se privant du droit d'agir en personne, et en donnant au peuple la sensation que seuls les Européens étaient en mesure d'en assurer la direction. Ce désengagement gouvernemental poussa les puissances européennes à en conclure que l'Empire ottoman était un géant aux pieds d'argile. Fort de cette conviction, le tsar de Russie, Nicolas Ier, décida d'occuper la Crimée et la partie septentrionale de la mer Noire. L'Angleterre, la France et la Turquie formèrent en 1854 une coalition pour contrer les ambitions du tsar. Le traité de Paris, en 1856, entérine la défaite russe en Crimée, mais, dès lors, l'Empire ottoman ne pourra s'opposer à l'abandon progressif de son autorité sur ses provinces européennes. En 1827 déjà, la Grèce s'autoproclama principauté indépendante de la Sublime Porte, puis deux années plus tard, monarchie. L'exemple grec fut rapidement suivi par la Moldavie et la Valachie, tandis que l'Angleterre s'emparait de l'Égypte. La désagrégation de la Turquie se poursuivit aussi sur le plan économique, à tel point qu'en 1881 la banqueroute de l'État fut déclarée et l'Empire surnommé «l'homme malade de l'Europe». Les malheurs du pays décuplèrent dans l'indifférence générale des sultans. Le seul à prendre conscience de cette débâcle fut Mahmud II (1803-1839).

Il réussit à résoudre le problème endémique des janissaires de manière pour le moins définitive : il les fit massacrer par milliers. Le souverain entreprit également des réformes et des ouvertures, mais qui se heurtèrent à la puissance de l'appareil bureaucratique gigantesque du pays. Parmi les réalisations qui méritent d'être rappelées, on peut citer le pont de Galata et celui d'Istanbul au cœur de la ville, sur la Corne d'Or.
Dans le même temps, une classe bourgeoise turque émergeait. Elle avait placé ses espoirs progressistes en la personne de Mithat Pasa, le grand vizir influent à la cour. Celui-ci réussit à convaincre le très jeune sultan Abdul-hamid II (1876-1909) de promulguer une constitution

40 EN HAUT
Cette œuvre du peintre du XIXe siècle Flandin restitue la fascination exercée par Istanbul, dans cette vue des mosquées Sultanahamet et Suleymaniye.

40 AU CENTRE
Sur cette vue du XIXe siècle, les multiples coupoles et contreforts qui caractérisent Sainte-Sophie se découpent sur les maisons d'Istanbul.

40 EN BAS À GAUCHE
Les personnages menaçants représentés ici sont des janissaires, yeniçeri *en turc, qui composaient le corps d'élite de l'infanterie ottomane.*

41 *L'intérieur de Sainte-Sophie, traité ici par de magnifiques effets de lumière, est le sujet de cette belle lithographie datant de 1862 et signée Gaspard Fossati.*

Érigé à l'époque byzantine pour servir de basilique, l'édifice fut transformé en mosquée par les Ottomans au XVe siècle; il abrite aujourd'hui un musée.

42 EN HAUT
*Cette gravure extraite de l'*Illustrated London News *illustre la première séance du Parlement turc, fondé en 1877.*

42 EN BAS À GAUCHE
Mehmet Reshad, frère d'Abdul-Hamid, le souverain détrôné, prit place sur le trône avec le concours des Jeunes-Turcs sous le nom de Mehmet V.

sur le modèle européen au moment de son couronnement, en 1876. Ce fait d'une importance capitale aurait pu être le premier pas vers une forme future de démocratie, mais, à peine promulguée, la constitution fut immédiatement abolie par le sultan. Celui-ci ne fut toutefois pas insensible à l'exigence de modernisation. Il consentit à la construction de routes, de voies ferrées, d'aqueducs, de lignes télégraphiques et favorisa l'industrie. En 1888, on inaugura avec pompe la ligne ferroviaire entre Paris et Istanbul, le célèbre Orient-Express, devenu mythique, qu'empruntèrent des aventuriers, des diplomates, de simples voyageurs épris d'aventure, des hommes d'affaires, des aristocrates, des danseuses, etc. L'Orient devenait plus proche de l'Europe. Pour accueillir les voyageurs, on construisit à Istanbul le somptueux hôtel Pera Palace, que l'on visite aujourd'hui avec curiosité.

Pendant ce temps, l'Empire perdait d'autres régions : la Crète, la Bulgarie, l'Arménie et la Macédoine.

Durant les premières années du XXe siècle, on assista à la formation du mouvement des Jeunes-Turcs qui, en 1908, obtint le rétablissement de la Constitution. L'année suivante ces derniers obligèrent le parlement à proclamer la destitution d'Abdul-Hamid II pour incapacité, et mirent à sa place sur le trône de la Sublime Porte son frère Mehmet V (1909-1918), lâche et médiocre.

Le nouveau sultan ne se trouvait qu'officiellement installé au poste d'Abdul-Hamid II, car un triumvirat, dont les membres appartenaient au mouvement des Jeunes-Turcs, avait en réalité pris les rênes du pouvoir. Les trois hommes, Talat, Enver Bey et Cemal, avaient une idée précise sur la façon de procéder pour redresser le pays, mais en 1914, lorsqu'éclata la Première Guerre mondiale, ils commirent l'erreur fatale de faire alliance avec l'Allemagne.

À la veille du conflit, l'armée sortait affaiblie et démotivée par une récente campagne en Libye contre l'Italie, qui l'avait emporté, ainsi que par les continuels efforts de guerre imposés par le comportement de la Russie qui, sur la frontière est, n'avait pas interrompu son

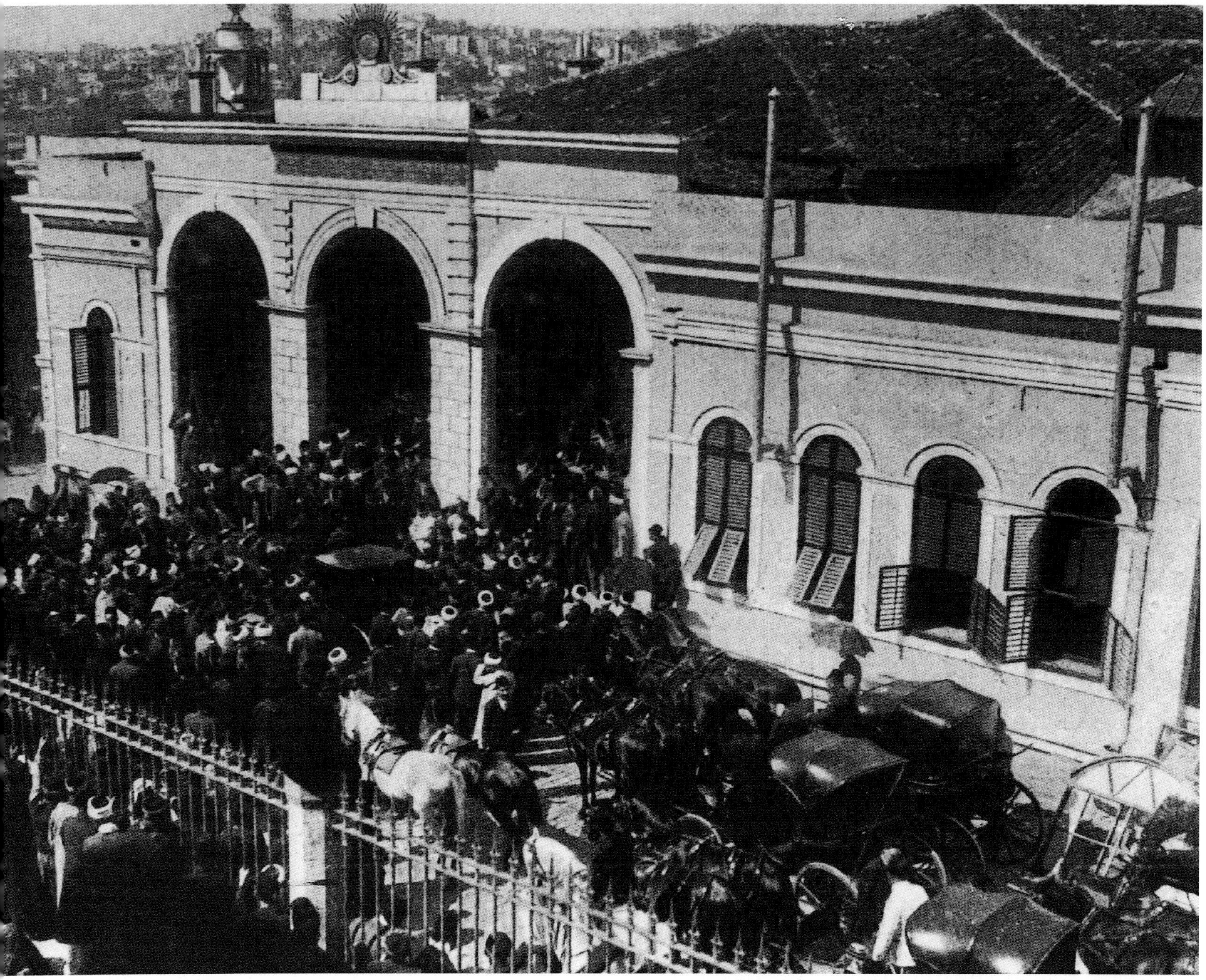

42 EN BAS À DROITE
En 1912, la Turquie fut entraînée dans la guerre des Balkans et, en 1914, lors de la Première Guerre mondiale, fit alliance avec l'Allemagne.

42-43 *Après le coup d'État des Jeunes-Turcs, on assista à Istanbul, comme dans tout le reste du pays, à des mouvements de rue et des émeutes. Cette photo fut prise en face de la Sublime Porte du palais de Topkapi, le 23 juin 1913.*

43 EN BAS À GAUCHE
Quelques-uns des responsables du coup d'État qui, en 1913, détrôna Abdul-Hamid. De gauche à droite : Mahmud Scevket, le nouveau Grand Vizir, Enver Bey et Izzet Pascià.

43 EN BAS À DROITE
Le sultan Abdul-Hamid, le dernier souverain à régner effectivement sur la Turquie, fut détrôné par le mouvement des Jeunes-Turcs. Il mourut en prison en 1918.

44 EN HAUT
Novembre 1918, Istanbul : sur le rivage du Bosphore, débarque le commandant en chef des Alliés, venu pour organiser le quartier général des troupes d'occupation.

44-45 Ultime scène de l'offensive des Alliés contre la Turquie : l'entrée des troupes anglaises à Istanbul, en 1918.

offensive, ayant même acquis d'importantes positions et du terrain sur un territoire habité essentiellement par des Arméniens, lesquels ne supportaient pas le joug turc.

Durant la Première Guerre mondiale, période pour le moins désastreuse, l'unique moment de gloire de la Turquie fut, en 1915, l'épisode de la bataille de Gallipoli, dans les Dardanelles. Les troupes turques, sous la direction de Moustafa Kémal, le futur Atatürk, résistèrent plusieurs mois à l'armée alliée, composée d'Anglais, de Français et de bataillons australiens et néo-zélandais.

45 EN HAUT
La plage et le camp de Seddul Bahr, dans la zone sud de la presqu'île de Gallipoli, photographiés en avril 1915 du pont du navire britannique River Clyde, *lors du débarquement du corps expéditionnaire franco-anglais.*

Pour les Alliés qui, certains de leur victoire, avaient déjà décidé les conditions du partage des vestiges de l'Empire ottoman, l'expédition de Gallipoli fut un échec désastreux, et ils durent renoncer au siège de Constantinople.

Un armistice peu glorieux pour les Turcs fut signé à Mudros en 1918 : ce qui avait été l'immense Empire ottoman se trouva désormais considérablement réduit.

Les puissances victorieuses se chargèrent du partage : l'Irak et la Palestine revenaient à l'Angleterre, la Syrie et le Liban à la France, les îles Égée et une partie de la côte méditerranéenne à l'Italie, tandis que l'on décida qu'Istanbul passerait à la Russie. Dans le même temps, la Grèce continuait à accroître sa présence et son influence, poursuivant son rêve d'expansion, axé sur la reconstruction de ce qu'avait été l'antique empire hellénique en Asie Mineure. Ainsi, les Grecs s'étaient déjà assuré la ville de Smyrne et la Thrace. Mais déjà auparavant, la Turquie avait bien failli disparaître du paysage européen et moyen-oriental. Ce fut alors que le vainqueur de Gallipoli, Moustafa Kémal, décida de passer à l'action pour libérer son peuple.

La prise de Smyrne par les Grecs, en mai 1919, souleva l'indignation de la Turquie. Le sultan en place, Mehmet VI (1918-1922), sans envergure politique,

45 EN BAS
Couverture d'une partition musicale célébrant le siège de Constantinople qui, en réalité, n'eut jamais lieu. Malgré plusieurs offensives meurtrières, les troupes franco-anglaises ne purent déloger les Turcs de leurs positions défensives et furent contraintes à l'évacuation de la presqu'île de Gallipoli, fin 1915.

ne put s'opposer à Kémal lorsque celui-ci, en 1920, convoqua la Grande Assemblée nationale à Ankara. Déclarée représentative de la nation, celle-ci lui délégua ses pouvoirs, pour qu'il libère le sol turc de toute occupation étrangère. Le futur Atatürk commença à organiser la guerre d'indépendance. Il obligea, d'abord, les Géorgiens et les Arméniens à réintégrer les confins de leurs territoires englobés dans la Russie, puis ensuite, les Italiens, à abandonner les îles et autres territoires qu'on leur avait assignés. Il restait à régler le sort des Grecs, installés au cœur du pays. La bataille de Sakarya (1921) fut décisive : elle obligea les ennemis de Kémal à se retirer, et fut suivie par la prise de Smyrne, le 9 septembre 1922. Les Grecs résidants en Turquie depuis des générations furent contraints d'abandonner leurs maisons et de regagner ce qui leur était pourtant difficile de considérer comme leur mère patrie. Les Turcs qui résidaient dans la région de Salonique, en Grèce, réintégrèrent eux aussi leur patrie.

Pour affronter ces profonds bouleversements, Atatürk choisit de faire abolir le sultanat. En 1922, le dernier sultan Mehmet VI, s'enfuit d'Istanbul, et l'année suivante la République turque fut reconnue par la communauté internationale, dont le premier président fut Moustafa Kémal.

Une tâche immense attendait l'homme qui avait créé la Turquie : faire entrer son pays dans le XXe siècle.

Atatürk, le « Père de tous les Turcs » s'attela à la tâche en employant des méthodes qui s'inspiraient d'une organisation moderne à l'européenne, laïque, et qui, par conséquent, s'appuyaient sur l'abandon définitif des modèles du passé. Avant tout, il confirma le statut d'Ankara comme capitale du pays, mieux insérée au cœur de la Turquie qu'Istanbul située plus en périphérie. Puis il abolit l'écriture arabe et imposa l'alphabet latin, prescrit l'usage du calendrier grégorien et interdit le port de la chéchia, le couvre-chef ottoman par excellence. De même, le port du voile par les femmes fut interdit, et elles obtinrent le droit de vote et celui d'être

46 EN HAUT
Né en 1881, Moustafa Kémal, que l'on voit ici jeune, reçut le nom d'Atatürk, autrement dit « Père de tous les Turcs ».

46 EN BAS
Le traité de paix de Sèvres, en 1920, démembre ce qui reste de l'Empire ottoman La République turque refusa ce traité.

46-47 En mai 1919, les Grecs occupèrent la ville de Smyrne, aujourd'hui Izmir, où était installée une importante colonie de leurs compatriotes. Les troupes d'Atatürk assiégèrent la ville. Avant de s'enfuir, les Grecs incendièrent Smyrne. La ville fut reprise par les troupes turques en 1922.

élues. La loi islamique, la charia, fut remplacée par un code civil et pénal, et les écoles coraniques, les *madrasa*, fermées. En outre, aux Turcs qui n'en possédaient pas, il fut imposé par la loi de se choisir un nom. Malgré diverses vicissitudes, des difficultés nombreuses et une planification économique contraignante, Atatürk permit à la Turquie d'accomplir des pas de géant. Elle abandonna le modèle économique capitaliste pour passer à celui d'une économie dirigée, avec une réduction drastique de ses importations. La mort de Kémal Atatürk, en 1938, fut un coup très dur pour le pays. Ismet Inönü, qui s'était montré un habile conseiller et un ami fidèle de Kémal depuis les premières années jusqu'à son accession au gouvernement, lui succéda. Inönü eut le grand mérite de ne pas chercher à imiter Atatürk, mais de poursuivre les mêmes réformes. En premier lieu, il fit observer à la Turquie une prudente neutralité pendant la Seconde Guerre mondiale. De fait, la nation créée par Atatürk resta en dehors du conflit jusqu'en 1945, lorsque sous la pression internationale, elle déclara *pro forma* la guerre à l'Alle-

47 AU CENTRE
En 1924, se déroulent des élections libres au suffrage universel pour constituer l'Assemblée nationale turque. La photo montre un siège électoral à Istanbul.

47 EN BAS
Atatürk décida que les femmes recevraient une instruction. On voit ici des étudiantes qui assistent à un cours donné dans l'École professionnelle féminine d'Istanbul.

48 EN HAUT
Ismet Inönü, le bras droit de Moustafa Kémal, recueillit l'héritage idéologique et moral du grand homme d'État. C'est à lui que revint de succéder au « Père de tous les Turcs », lorsque ce dernier mourut prématurément, à l'âge de 57 ans, en 1938.

48 EN BAS
L'homme clé du parti démocrate, Adnan Menderes, est photographié ici en compagnie de Celâl Bayar.

magne d'Hitler. La même année la Turquie était admise au sein de l'ONU.

L'unique parti qui avait alors un réel pouvoir était le Parti républicain du Peuple, les autres formations politiques étant étroitement contrôlées. Si bien que des mouvements de protestation contre l'absence de pluralité politique ne tardèrent pas à naître. Après avoir gouverné pendant vingt-sept ans sans interruption, le Parti républicain du Peuple fut battu aux élections de 1950 par Celâl Bayar, le fondateur du parti démocrate avec Adnan Menderes, devenu par la suite Premier ministre.

À l'extérieur, la Turquie intensifia ses liens avec les États-Unis, lesquels lui concédèrent des aides considérables mais requirent en contrepartie la permission d'installer des bases militaires en territoire turc, une décision contestée par la gauche.

Les sacrifices exigés par le développement économique et la modernisation du pays, auxquels s'ajouta le reproche fait à Menderes de ne pas laisser suffisamment la parole à l'opposition, aboutirent, en 1960, à un coup d'État militaire et à l'exécution de Menderes.

Le général Cemal Gürsel, protagoniste du coup d'État, exigea une nouvelle constitution (1961) qui se révéla finalement plus libérale que la précédente. C'est alors que vit le jour le premier

parti socialiste turc; le parti démocrate changea de nom pour devenir le parti de la Justice, à la tête duquel apparut un personnage qui allait trancher dans le panorama politique turc, Süleyman Demirel. En 1963, furent organisées des élections libres qui portèrent au gouvernement une coalition de conservateurs et de nationalistes, tandis que les élections suivantes, en 1965, furent remportées par Demirel et son parti.

L'économie, toutefois, stagnait, et l'inflation, l'éternelle ennemie des ministres des finances turcs, avait atteint son paroxysme. Par ailleurs, les échauffourées entre la droite et la gauche s'accentuèrent et se multiplièrent à tel point qu'en 1971 l'armée intervint lors d'un autre coup d'État. Le parlement fut rouvert en 1972 avec le Premier ministre Bulent Ecevit, chef de la tendance réformiste du parti républicain,

une formation politique non discriminatoire à l'égard des islamistes. En 1974, Ecevit envoya des troupes dans la partie nord de l'île de Chypre pour protéger, selon lui, la population turque du projet des Grecs chypriotes de rattacher l'île à Athènes. L'État fédéral turc de Chypre, proclamé unilatéralement en 1975 pendant l'occupation de l'île, n'a jamais été reconnu par aucun gouvernement et la question chypriote reste une source de tensions non résolue de la région méditerranéenne.

Suite au débarquement turc sur l'île de Chypre, les crises gouvernementales se succédèrent, tandis que les principaux partis politiques de droite et de gauche ne cessaient de s'en rejeter la faute.

La situation fut assez grave pour que, une fois encore, en 1980, l'armée, avec à sa tête le général Kenan Evren, mette fin à l'activité parlementaire. Le nouveau coup d'État militaire instaura un Conseil national de Sécurité. Puis, en 1983, des élections libres furent à nouveau autorisées, qui virent la victoire du parti de la Mère Patrie et de son leader, Torgut Ozal, un économiste.

Ozal fut un Premier ministre dynamique et particulièrement actif qui donna une impulsion au libéralisme des affaires en favorisant le « boom économique » turc durant les années quatre-vingt. Il fut élu président de la République en 1989. En 1993, Süleyman Demirel lui succèda et offrit le poste de Premier ministre à une femme, Tansu Ciller.

La « première dame » de la Turquie, une économiste, poursuivit la politique de privatisations entreprise par Torgut Ozal, mais l'inflation et la dévaluation continuèrent à créer des problèmes toujours plus graves, malgré un bon rendement industriel et les profits non négligeables rapportés par l'industrie touristique. Tansu Ciller fut finalement remplacée par le chef du parti de la Prospérité, Necmettin Erbakan, d'orientation pro-islamique, qui à son tour dut céder la place à Mesut Ylmaz, en 1998.

La Turquie, qui ambitionne aujourd'hui d'entrer dans l'Union européenne, devra accomplir des efforts considérables pour satisfaire aux conditions d'adhésion et rejoindre les autres membres. Certaines tensions internes sont encore très vives : le problème des Kurdes, notamment, qui revendiquent une forme d'indépendance ou de fédéralisme pour la région qu'ils habitent, est une réalité indéniable. Il est indispensable que la Turquie puisse trouver une solution équilibrée en conciliant la sauvegarde de l'unité de l'État et les aspirations des Kurdes.

48-49 Le pouce levé, Necmettin Erbakan, le chef du parti de la Prospérité, pro-islamique, vient fêter la victoire de son parti aux élections de 1995.

49 A DROITE Tansu Ciller, une étudiante en économie, devient Premier ministre en 1993. C'est la première femme à accéder à un poste aussi élevé dans toute l'histoire de la Turquie.

LES MILLE VISAGES DE LA TURQUIE

50 EN BAS À DROITE
L'intérieur de l'Ulu Camii, ou la Grande Mosquée, à Bursa, montre une belle fontaine polygonale en marbre gris avec trois niveaux de sortie d'eau. Érigé en 1379, l'édifice, de 100 mètres de périmètre, possède pas moins de vingt coupoles. Sur ses pilastres sont reproduits des versets du Coran en écriture arabe archaïque.

50-51 Des immenses champs de tournesol descendent doucement jusqu'aux berges du détroit des Dardanelles. Non loin de cette tranquille région agricole se dresse la ville mythique d'Homère, Troie.

51 EN HAUT À GAUCHE
La Thrace possède l'un des chefs-d'œuvre de l'architecte Sinan, à l'origine des plus belles mosquées ottomanes : la Selimiye Camii, à Edirne, joyau architectural de la dernière région européenne appartenant à la Turquie.

51 EN HAUT À DROITE
À l'extrémité est du pays, non loin de la frontière syrienne, le paysage est par endroits dénudé et desséché. On est ici dans les environs de Malatya, à peu de distance du mausolée isolé d'Antiochos Ier, sur le Nemrut Dagi.

« Türkiye'ye os, geldiniz » : Bienvenue en Turquie, pays extraordinaire où l'on peut admirer de vastes métropoles comme Istanbul, des steppes désertes, une bande côtière enchanteresse, des champs de blé, de tabac et de coton, mais aussi des montagnes recouvertes de forêts abritant des ours et des loups. Quiconque choisit de partir à la découverte de la Turquie doit commencer par la Thrace, portion de terre volcanique qui s'étend jusqu'à Istanbul.

50 CI-DESSUS
La première merveille architecturale que l'on peut admirer sur le sol turc en arrivant par l'ouest, la mosquée Selimiye, à Edirne, est ici, remplie de fidèles.

50 EN HAUT À DROITE
Édifié en 1426 à Bursa, le mausolée de Murad II et son jardin accueillent 13 türbes, *ou sanctuaires funéraires des sultans. Le sarcophage central est celui de Murad, posé sous l'ouverture, au centre de la coupole, selon son souhait afin que la pluie l'arrose.*

La raison d'une halte en Thrace est l'antique cité d'Andrinople, aujourd'hui Edirne, riche en mosquées édifiées entre le XVe et le XVIe siècle et qui possède, en outre, un joyau de l'architecture religieuse ottomane, la magnifique Selimiye Camii, la « mosquée de Selim », dessinée par Sinan, l'architecte du siècle d'or de la Sublime Porte. Érigé en 1557 sur ordre du sultan Selim II, ce majestueux édifice domine la ville avec ses quatre minarets pointus. L'intérieur, délicatement éclairé par la lumière filtrée par 999 fenêtres, est un chef-d'œuvre décoratif réalisé en majolique d'Iznik et en marbre sculpté.

Au sud-est d'Istanbul, sur la mer Marmara, s'ouvre le golfe d'Izmit, riche en hauts bosquets et en vastes oliveraies qui, autrefois, fournissaient l'huile pour la table des sultans.

En contournant le golfe en direction de l'ouest, on rencontre la ville de Bursa, la capitale ottomane jusqu'en 1416. À la sortie de la ville, les pentes du mont Ulu Dag (2 543 mètres) furent mises en valeur par les Romains qui y exploitèrent les sources d'eau chaude. La cité antique possède cent vingt-cinq mosquées ainsi que les tombeaux d'Osman et Orhan, tandis que la Bursa actuelle, industrielle, a porté un coup à la célébrité de sa voisine, Iznik, l'ancienne Nicée, réputée pour ses céramiques.

De larges routes goudronnées s'enfoncent vers le vaste plateau d'Anatolie en frôlant Gordion et le mystère celé

52 EN HAUT À GAUCHE
Le croissant de lune, emblème de la Turquie, claque au vent sur la citadelle d'Ankara. Les premières fortifications datent du III*e siècle av. J.-C., mais la structure actuelle, avec ses doubles murs d'enceinte, est due à des restaurations effectuées au* IX*e siècle, aux dépens des édifices précédents.*

52 EN HAUT À DROITE
Le mausolée de Kémal Atatürk est dépourvu de tout ornement superflu. Les quartiers d'Ankara les plus intéressants pour le visiteur se trouvent ailleurs, mais on doit compter avec le symbole que représente ce monument : la ville est en effet redevable au « Père de tous les Turcs » d'une croissance qui a fait d'elle la seconde ville de Turquie après Istânbul.

52-53 *L'unique minaret d'une petite mosquée se dresse au milieu des maisons de la vieille ville. Compte tenu de sa position géographique centrale, Ankara fut conquise par les musulmans, en provenance du sud-est, ce qui explique que la capitale de la Turquie, en dépit de son aspect résolument moderne, possède des édifices religieux islamiques parmi les plus anciens du pays.*

53 EN BAS À GAUCHE ET EN HAUT À DROITE
Les vieux quartiers d'Ankara sont tantôt disséminés, de manière désordonnée, sur les flancs des hauteurs qui dominent la ville, tantôt à l'intérieur des murs d'enceinte de la citadelle. Ces deux illustrations montrent le quartier ancien comme emprisonné à l'intérieur de la forteresse, qui distille tout le charme du Levant.

53 À DROITE AU CENTRE
Les pièces conservées au musée des Civilisations anatoliennes, deux édifices construits au XV*e siècle, remontent, pour certaines, à l'époque de Catal Höyük (7 000 ans av. J.-C.) et couvrent l'ensemble des cultures qui se sont épanouies en Turquie, des Hittites à la fin de la période gréco-romaine.*

dans son tumulus : un tombeau royal retrouvé intact que la légende attribue au roi Midas.

Non loin se profile Ankara, la nouvelle capitale désignée par Atatürk, et qui ne diffère guère des métropoles européennes. Aux alentours de la double enceinte de murailles de la citadelle (IIIe siècle av. J.-C.), qui domine les maisons en bois multicolores de la vieille ville, l'extraordinaire musée des Civilisations anatoliennes est installé dans un *han*, un ancien bazar couvert; il offre un bon aperçu du chemin parcouru par l'homme dans cette région depuis l'aube de l'humanité. La ville a également conservé les restes d'un temple ionique du IIe siècle av. J.-C. dédié à Auguste – une conséquence de

la conquête de la province par Rome –, tandis que le mausolée d'Atatürk est un monument résolument moderne aux lignes sobres et rectilignes.

En continuant vers l'est, on rencontre Bogazkale, sur le site d'Hattousa, la capitale de l'Empire hittite. On peut y admirer les vestiges d'un très grand temple, le Temple I, consacré au dieu de l'orage Hatti et à la déesse du soleil Arinna. C'est sans doute le plus vaste édifice au monde datant de cette période, tandis que la porte Royale et la porte des Lions nous donnent une idée de la puissance de cette cité royale qui fut la capitale redoutée d'un empire qui s'étendait sur tout l'actuel territoire turc, jusqu'à Chypre et la mer Égée.

Ce sont surtout les murailles qui donnent la mesure de la structure grandiose de l'antique Hattousa. Elles sont si imposantes que les Grecs en arrivèrent à considérer, cinq siècles après la chute de l'Empire hittite, qu'elles avaient été l'œuvre d'une race de géants.

À proximité, la terre protège son secret et l'on peut admirer les couloirs naturels du sanctuaire rupestre de Yazili-Kaya, décoré au XIIIe siècle à l'aide de bas-reliefs figurant les divinités et les souverains des Hittites; on distingue notamment le grand dieu de l'orage, Teshub, vénéré par ce peuple belliqueux.

Le cœur le plus antique de la Turquie se trouve ici, au milieu de ces plaines jaunâtres délimitées, dans le lointain, par des chaînes montagneuses, animées par les groupes de tentes des *yörük*, des nomades bergers et tisserands de tapis

54 EN HAUT À GAUCHE
Passablement plat aux alentours de Bogazkale, le paysage se relève quelque peu à Yazili-Kaya, près des ruines imposantes de Hattousa. Le site – autrefois habité par les Phrygiens et également connu comme la « demeure de Midas » – accueille le sanctuaire rupestre représenté ici, dédié à ce même roi (VIe siècle av. J.-C.).

54 EN HAUT À DROITE
Le sanctuaire rupestre de Yazilikaya étend ses couloirs sous un vaste affleurement rocheux, à peu de distance de la capitale hittite. Tout le long du trajet à travers les étroites parois rocheuses, le visiteur de ce lieu, qui fut un site sacré pour une population disparue depuis trois millénaires, est accompagné par des statues de divinités et par les effigies de souverains sculptés sur des bas-reliefs.

54-55 La porte des Lions – homonyme de l'entrée monumentale et contemporaine de Mycènes – donne accès aux ruines imposantes de cette ancienne capitale de l'Empire hittite. L'architecture monumentale n'était pas une exclusivité des Hittites, mais dans le cas d'Hattousa, elle réussit à étonner les Perses et les Grecs qui s'y connaissaient pourtant en matière d'architecture grandiose.

55 EN HAUT À DROITE
En dehors d'une industrie en croissance constante, dont celle du tourisme, l'activité prépondérante de la Turquie reste l'agriculture, grâce à l'étendue des terres agricoles. Les tournesols, dont les champs sont omniprésents dans la région des Balkans, permettent de fabriquer une huile appréciée pour sa pauvreté en graisses.

55 AU CENTRE À DROITE ET EN BAS
La zone encerclant Hattousa est située dans une région peu touchée par la croissance qui a transformé le pays. La tradition agricole locale, pluri-millénaire, s'est contentée de modifier le type de produits cultivés – tabac, coton, tournesol – et d'étendre les cultures. Ces femmes occupées à récolter le coton et le nomade solitaire ci-dessous, ne semblent guère préoccupés par les efforts accomplis par leur pays pour entrer dans l'Union européenne.

56 EN HAUT À GAUCHE
Les « cheminées des fées » est le nom gracieux attribué aux bizarres formations naturelles de la Cappadoce, façonnées au cours des siècles par la pluie et le vent. C'est une formidable éruption volcanique de l'Erçiyes Dagi qui est à l'origine des flèches rocheuses insolites qui constellent la région.

56 EN HAUT À DROITE
Dans la vallée de Zelve, on peut visiter ce village rupestre, véritable « musée à ciel ouvert », aujourd'hui à l'abandon. Tout était creusé dans le tuf – maisons, sièges, caves, églises, greniers – avec des solutions d'habitat parfois géniales.

56-57 Insolite et quasi lunaire, la Cappadoce est une terre unique, composée de grottes, « cheminées », crevasses et canyons, creusés dans une roche friable d'origine volcanique. La photographie illustre l'extraordinaire paysage du village d'Uçhisar, avec ses habitations troglodytiques aujourd'hui abandonnées.

57 EN HAUT
Une forêt de « cheminées des fées », de dimensions variées, s'étend en direction de la plaine. Située à plus de 1 000 mètres d'altitude, en hiver, la Cappadoce est souvent recouverte de neige. Aux endroits où l'eau est présente, on peut cultiver la vigne et les arbres fruitiers.

57 AU CENTRE
Les « cheminées » de Zelve se détachent des vignes et des abricotiers. Ses extraordinaires flèches coiffées d'un « chapeau » rocheux protecteur, étaient souvent creusées pour servir d'abri aux animaux et aux ustensiles agricoles. Parfois les aiguilles étaient également utilisées comme tours de guet.

57 EN BAS
La vallée de Peribaçalar montre une succession de formations géologiques millénaires, résultant de l'érosion entraînée par le vent et la pluie. La teinte cendreuse de la roche varie selon l'heure de la journée et l'intensité du soleil, qui fait passer la couleur des pinacles abrupts du blanchâtre au doré.

dont la présence se fait toujours plus rare. Les champs cultivés explosent en couleurs improvisées : le blanc du coton, le vert foncé du tabac, le jaune des tournesols peignent des paysages immuables depuis des millénaires.

Kayseri, l'ancienne Césarée, est la porte de la Cappadoce. Centre culturel prestigieux, la ville possède des mosquées et des écoles coraniques dont la renommée remonte au XIIIe siècle. Elle se détache sur l'Erçiyes Dagi, en toile de fond, le volcan dont les éruptions sont responsables du « miracle » géologique de la région. La Cappadoce renferme en effet un monde lunaire fait de tuf d'origine volcanique érodé depuis des millénaires, qui a offert refuge aux ermites et aux moines jusqu'à devenir, de nos jours, une des merveilles les plus visitées de la Turquie : les « cheminées des fées », les cavernes naturelles, les flèches et les gorges de ce paysage magique sont uniques au monde.

Les chrétiens qui s'installèrent en Cappadoce au cours des premiers siècles de l'expansion de la nouvelle foi creusèrent des chapelles dans les strates du tuf, très tendre, et les couvrirent de fresques, privilégiant un style raffiné que la fureur iconoclaste se chargea, par la suite, d'endommager en grande partie.

Heureusement, les vestiges suffisent à enchanter le visiteur, qui, aujourd'hui encore, peut voir les églises de la Cappadoce sous la garde hiératique et bienveillante du Christ Pantocrator, le « Seigneur du Tout », représenté à l'intérieur de la coupole.

58 EN HAUT À GAUCHE
À Çavusin, aux environs d'Avanos, l'église rupestre de Saint-Jean-Baptiste, entièrement décorée de fresques, est dotée d'une façade étroite ceinte entre deux colonnes ioniques sculptées dans la roche.

58 EN HAUT À DROITE
Dans la roche de tuf d'un blanc immaculé, à l'embouchure de l'étroite vallée de Zelve, se profile l'entrée d'une mosquée rupestre.

Pendant plusieurs mois, chaque année, les célèbres villes – Göreme, Avanos et Ürgüp – sont envahies par les touristes. Pourtant à peu de distance se cache une Cappadoce méconnue, celle de Soganli et de la vallée d'Ihlara, riches en chapelles et églises rupestres ornées de peintures, isolées et quasiment oubliées dans un paysage primitif. De fait, la Cappadoce fascine non seulement par l'originalité de son paysage et de ses richesses archéologiques, mais aussi par le mode de vie traditionnel des paysans qui, il y a seulement quelques années, et contre leur gré, ont dû abandonner leurs habitations creusées dans le tuf.
En faisant un bref détour par l'ouest, on découvre une Turquie plus fidèle au Coran, à Konya en particulier. Située à 50 km du très ancien site archéologique de Catal Höyük, elle fut l'un des premiers centres urbains de l'histoire de l'humanité.
Konya mérite une visite pour plusieurs raisons : tout d'abord le Tekkesi de Mevlana, le « couvent de Mevlana », dédié à Rumi, fondateur de l'ordre des derviches tourneurs – une congrégation monastique musulmane dont les membres parviennent à l'extase en exécutant une danse giratoire *(sama)*, qui obéit encore aujourd'hui à un rituel très précis –, mais aussi pour le magnifique mausolée du saint homme, le *türbe*, recouvert de faïence émaillée verte qui rend le monument visible de tous les points de la ville. Une autre surprise réservée par cette région d'une beauté féerique nous est offerte par les inquiétantes localités de

58-59 Les paysages de la Cappadoce réservent de grandes surprises comme ici, où il semblait pourtant impossible que des arbres fruitiers parviennent à subsister.

59 EN HAUT À GAUCHE
Le point culminant d'Uçhisar offre un panorama complet de la région. La tradition veut que l'on vienne y admirer le coucher de soleil.

59 AU CENTRE À DROITE
En 1925, Atatürk fit fermer le couvent des Derviches tourneurs, mais le jour de la fête dédié au fondateur, l'Irakien Rumi, on danse encore la sama.

59 EN BAS À DROITE
Le türbe *du mausolée de Mevlana est un extraordinaire symbole pour Konya : sa couleur magnifique évoque la tolérance prédite par le mystique irakien.*

61 EN HAUT À GAUCHE *Le style des églises de Cappadoce – ici une fresque de l'église Saint-Jean-Baptiste, à Göreme – est byzantin, avec des influences arméniennes et syriennes.*

61 EN HAUT À DROITE *Dépouillé de ses fresques, l'intérieur de la belle église de Kadir Durmus a conservé sa chaire et les élégantes arcades qui la divisent en deux sections.*

Kaymakli et de Derinkuyu, auxquelles Xénophon fait allusion dans l'*Anabase*, deux villes immenses excavées dans les profondeurs de la terre, sans doute pour se protéger des invasions. Habité dès le Ve siècle de notre ère, le complexe de Kaymakli comporte plusieurs étages. Une caractéristique surprenante de cette « fourmilière » géante creusée par l'homme dans un tuf très tendre est l'ameublement de ces pièces rupestres, avec tables et lits. Derinkuyu est encore plus vaste. S'articulant sur sept étages,

60 EN HAUT À GAUCHE *Les précieuses fresques de l'église de Çavusin sont peintes dans un style qui se démarque de celui des autres chapelles de la région.*

60 EN HAUT À DROITE *L'église « cachée », appelée ainsi parce qu'elle est creusée dans la roche, est d'un accès difficile. Située à Göreme, elle présente des fresques bien conservées grâce à la sécheresse du climat.*

60-61 *L'église de Yusuf Koç, ou de Saint-Jean, à Göreme, consiste en un extraordinaire temple creusé dans le tuf entre les IXe et Xe siècles. L'intérieur se caractérise par un habile jeu de coupoles, d'arcades et de colonnes à peine soulignées.*

61 À DROITE AU CENTRE *Les deux plus importantes villes souterraines de la Cappadoce sont Kaymakli et Derinkuyu. Cette photographie montre le dédale de couloirs de Kaymakli, découvert en 1963, est composé de sept niveaux, où l'on suppose que la population locale se réfugiait pendant les périodes de troubles.*

61 EN BAS À DROITE *Une parfaite organisation de la vie souterraine permettait à des dizaines de milliers de personnes d'habiter dans les « entrailles » des montagnes de la région. Chaque niveau est légèrement inférieur à trois mètres, et les galeries descendent à 75 mètres de profondeur.*

62 EN HAUT À GAUCHE
Un des nombreux petits lacs qui émaillent la région orientale de la Turquie resplendit sous le soleil printanier. Peu habitée, cette vaste région, qui encercle le plus important bassin hydraulique naturel, le lac de Van, est marquée par des reliefs plutôt élevés. Elle figure parmi les zones les moins touristiques.

62 AU CENTRE À GAUCHE
Il pourrait tout aussi bien s'agir du sol de Mars, que de l'immense steppe de la Mongolie à la fin de l'hiver. Cette extraordinaire vue panoramique illustre au contraire le relief très tourmenté de l'Anatolie orientale, aux environs de la ville de Van et de la berge orientale du lac homonyme.

62 EN BAS À GAUCHE
La masse sévère du palais d'Issak Paha se détache, isolée, sur les reliefs qui se perdent dans l'immensité de l'extrémité est de la Turquie, aux pieds du mont biblique Ararat. L'Iran, l'Arménie et l'Azerbaïdjan se trouvent à proximité de cette région qui, depuis des millénaires, est une « zone frontalière » défendue par de puissants bastions montagneux.

62-63 La région de l'Anatolie orientale est semi-désertique et d'une beauté sauvage. Le château de Mahmudiye, présenté ici, se dresse aux environs d'Hosap, à l'est du grand lac de Van. Pourvue de donjons et de murailles massives, cette forteresse kurde faisait office d'avant-poste vers les steppes orientales.

63 EN HAUT À GAUCHE
La vie peut être très dure dans les régions montagneuses de la Turquie orientale, comme le révèle l'expression de ce berger exténué tentant de porter sur son dos, couvert de neige, une lourde charge de fourrage pour le ravitaillement du bétail.

63 EN HAUT À DROITE
L'enchantement d'un paysage hivernal est l'occasion d'une photographie d'un impact certain et témoigne du niveau de vie des populations locales, dont les revenus proviennent de l'élevage de troupeaux dans la zone la plus pauvre, mais d'une beauté absolue, de l'Anatolie orientale.

la cité rupestre s'étend sur une superficie de 4 km^2 et peut accueillir des milliers de personnes à l'intérieur de ses innombrables pièces, desservies par un véritable réseau de couloirs.

L'immense orient turc gravite autour du lac de Van, une sorte de mer intérieure, qui donne vie à un haut plateau escarpé et desséché, enfermé par les reliefs accidentés de l'Alto Tauro, recouverts de neige plusieurs mois dans l'année, et d'espaces semi-désertiques sur lesquels sont disséminés des châteaux et des caravansérails à l'abandon.

Au cours des siècles, des populations aux multiples origines se sont arrêtées sur les berges du lac, à 1700 mètres d'altitude. Les derniers arrivants sont les Afghans-Kirghises, descendants de Gengis Khan, qui s'installèrent à Altinçay après avoir été chassés du Pakistan.

À des époques plus reculées, divers peuples ont trouvé asile sur cette terre, d'où partent le Tigre et l'Euphrate. La légende veut d'ailleurs que dans cette région se situait le Jardin de l'Éden, avant le Déluge, tandis que l'archéologie confirme que, aux alentours du VIIIe siècle, la cité de Van, sous le nom de Tuspa, était la capitale du royaume de l'Ourartou.

Les châteaux sont nombreux dans cette région de Van, de la citadelle ourartéenne de Çavustepe à la forteresse kurde, érigée au XVIIe siècle, qui veille sur les habitants de Hosap, à une soixantaine de kilomètres à l'est de Van, jusqu'à l'imposant fortin construit sur l'antique acropole du chef-lieu. Sur une

64 EN HAUT
L'ingénieur allemand K. Sester, d'après les indications fournies par un géologue turc, fit découvrir au monde cette merveille oubliée dans la montagne rocailleuse de l'Anatolie orientale : sis à 2 150 mètres d'altitude, le sanctuaire funéraire d'Antiochos Ier de Commagène domine la région.

64-65 L'un de ces inquiétants visages colossaux disséminés sur la terrasse du mausolée occupe la partie supérieure de Nemrut Dagi. Il suscite encore l'émerveillement, en dépit du fait que, depuis maintenant plusieurs siècles, les statues qui complétaient ces énormes têtes sont réduites en morceaux.

65 EN HAUT À GAUCHE
Après la nuit glaciale des monts anatoliens, l'aube éclaire la tête d'un aigle sur la terrasse orientale de Nemrut Dagi.

65 EN HAUT À DROITE ET EN BAS AU CENTRE
Le visage de la déesse Tyché, à droite, et, sans doute, à gauche, celui du mégalomane bénéficiaire du mausolée, Antiochos Ier.

65 EN BAS À DROITE
La rencontre entre Mithridate, roi du Pont et père d'Antiochos Ier, et Hercule, armé de sa massue, est illustrée sur ce magnifique bas-relief conservé à Erki Kale, l'ancienne Arsaménie. Cette œuvre représente l'un des sommets de l'art jamais atteints dans cette lointaine région de l'Asie Mineure.

des îles du lac de Van s'élève la magnifique église arménienne du monastère d'Ahtamar, édifiée au Xe siècle et aujourd'hui peu visitée par les touristes. À l'ouest de Van et de Diyarbakir, dans une région située en amont de l'Euphrate, au sommet du mont Nemrut Dagi (2252 mètres), se dresse le sanctuaire funéraire d'Antiochos Ier, fils de Mithridate et roi de Commagène.

Le sommet de l'imposante montagne est flanqué de deux immenses terrasses, l'une tournée vers l'orient, l'autre vers l'occident, qu'Antiochos fit construire aux alentours de 62 av. J.-C. Les deux terrasses sont encerclées par des têtes colossales, d'une hauteur équivalente à celle d'un homme, qui faisaient partie de statues figurant des divinités gréco-romaines vénérées par Antiochos – Apollon, Tyché, Héraclès et Zeus. L'excursion peut s'organiser depuis la petite ville de Katha, située à une centaine de kilomètres de la montagne.
Les visages de pierre et les fragments de bas-reliefs disséminés au sommet racontent l'histoire d'un roi visionnaire et mégalomane dont le gigantesque sanc-

tuaire, oublié pendant deux millénaires, fut découvert par un géologue turc il y a une centaine d'années.

Trop souvent, dans les ouvrages consacrés à la Turquie, le nord du pays est injustement ignoré. Or la côte de la mer Noire réserve des spectacles inattendus. C'est la vue de l'eau qui arracha à l'armée grecque, dispersée après sa bataille malheureuse contre les Perses, relatée par Xénophon dans l'*Anabase*, le célèbre cri de soulagement : « Thalassa, thalassa ! » (la mer, la mer !). De Sile à Hopa, les 1 200 kilomètres de côte défilent rapidement, ponctués par des villes peu attrayantes, et des villages autrefois habités par des pêcheurs et des paysans, mais qui sont remplacés aujourd'hui par des maisons neuves sans charme, pour la plupart inachevées. Plus que l'œuvre de l'homme, c'est celle de la nature que l'on distingue dans cette région ; les monts Pontici descendent vers l'eau, tantôt doucement, tantôt à pic ; sur leurs flancs, où l'on cultive le tabac, le thé, des fruits et des céréales, se mêlent, à l'époque des récoltes, aux couleurs du sol les teintes vives des costumes des femmes au travail. Verdoyant, l'arrière-pays est couvert de forêts de conifères traversées par des torrents impétueux et abrite une faune abondante. La mer remplit les filets avec les *hamsi*, les sardines que l'on apprête selon cent une recettes : c'est la région de la Colchide grecque, la terre des Lasi, peuple aux yeux clairs et aux cheveux blonds.

Trebizonde, ou Trabzon, cité très ancienne, possède une acropole sur

66 À GAUCHE ET À DROITE Les marchés aux poissons des petites villes qui se dressent le long de la mer Noire sont particulièrement colorés. Ces deux vues révèlent l'attrait de Zonguldak, située au nord-est d'Ankara – une des principales localités de ce littoral, avec Sinop, l'antique Sinope, et Trabzon, ou Trapezunte pour les Grecs.

66-67 Dans la vallée de Coruh coulent les eaux tranquilles du torrent homonyme, flanqué de peupliers alignés qui adoucissent par une agréable touche verte ce paysage autrement dénudé.

67 À GAUCHE Le monastère de Sumela est adossé à une paroi rocheuse et, creusé en partie à l'intérieur de la montagne. Les premiers hommes à s'installer dans ce lieu insolite furent deux moines grecs, Barnabé et Sophorone (au VIe siècle), où ils apportèrent une icône de la vierge attribuée à saint Luc.

67 À DROITE Les précieuses fresques de Sumela échappèrent aux actes de vandalisme qui eurent lieu en 1923, l'année où les moines grecs abandonnèrent définitivement le monastère.

laquelle repose l'église Sainte-Sophie, érigée au XIIIe siècle, précieuse pour les peintures byzantines qu'elle abrite. La proximité de la Russie fait de Trébisonde, centre de triage des marchandises, une ville vouée aux commerces en tous genres... pas toujours légaux.
Le joyau de la région est le monastère de la Vierge de la montagne Noire de Sumela, plaqué contre la falaise, au milieu d'une forêt, isolé et irréel. Les édifices actuels furent érigés à partir du XIIe siècle et pouvaient accueillir jusqu'à une centaine de moines, les derniers ayant été contraints de quitter la place en 1923. Les fresques qui ornent

68 EN HAUT À GAUCHE
Vêtue de couleurs vives, cette paysanne kurde se détache sur le mont Ararat (5 137 mètres) à l'arrière-plan, dont le sommet est toujours enneigé. La tradition veut que l'arche de Noé, à la fin du Déluge, se soit retrouvée perchée au sommet de cette montagne.

68 EN HAUT À DROITE *En Anatolie orientale, les femmes privilégient les vêtements aux couleurs vives, les accessoires voyants, et possèdent une élégance innée. Sur cette photo, une mère pose avec son fils devant leur tente de berger. L'élevage demeure l'activité essentielle de ces populations libres et fières.*

68-69 Dans le village de Divrigi, à l'est de la ville de Sivas, fut construit en 1228 l'hôpital que l'on aperçoit au centre de l'illustration – un exemple exceptionnel d'architecture civile seldjoukide. L'édifice se trouve sur la liste des ouvrages appartenant au patrimoine culturel mondial.

69 EN HAUT À DROITE *D'origine volcanique, l'Ararat est souvent « encapuchonné » de nuages, et il est rare de l'apercevoir sous son meilleur, jour comme sur cette photo. Les excursions solitaires sont interdites sur le mont Ararat, parce que l'endroit est très dangereux et les secours trop difficiles à organiser.*

69 EN BAS À DROITE *Dépouillé, le paysage de la campagne de l'Anatolie orientale peut se révéler d'une élégance inattendue. Les bosquets de peupliers sont plutôt fréquents. Cet arbre pousse spontanément là où affleure une source ou court un torrent.*

l'église et la chapelle, d'une exceptionnelle qualité artistique, en même temps que le reste du complexe architectural, exigent d'urgentes mesures de conservation et de restauration.

La terre turque est encore plus isolée au sud-est de la mer Noire, une région autrefois occupée par le royaume d'Ourartou (IXe-VIIe siècle av. J.-C.) et dominée par le mont Ararat, le sommet biblique sur lequel accosta l'arche de Noé et qui aujourd'hui peut servir de frontière naturelle entre la Turquie, l'Iran et l'Arménie. L'Agri Dagi – son nom en turc – est un volcan culminant à 5 122 mètres, un cône immense qui « fascine » les alpinistes et de nombreux explorateurs, sans doute un peu visionnaires, qui se consacrent à la recherche de la légendaire embarcation du Déluge. Du point de vue géographique et géologique, l'Ararat se compose de deux cônes volcaniques séparés par un gigantesque plateau, et que l'on distingue par les noms de « grand » et « petit » Ararat, le premier inactif, le second éteint depuis des millénaires.

À la frontière avec la Russie, les ruines de la ville fantôme d'Ani (Ocakli) sont un des lieux les plus émouvants et oubliés de l'est de la Turquie. Églises abandonnées et bastions dévastés, c'est ce qui reste de la capitale arménienne qui, vers l'an 1000, comptait cent mille habitants et mille édifices sacrés. Tremblements de terre, invasions et incendies la condamnèrent inexorablement à l'oubli. La raison historique de cet abandon est aisément compréhensible : Ani est

70 EN HAUT
Troie fut construite et détruite de nombreuses fois comme en attestent les neuf strates géologiques identifiées. La photographie ci-contre offre une vue de la zone sacrée de Troie entre 700 et 300 av. J.-C.

70 AU CENTRE
Les ruines les plus remarquables de Troie sont, sans conteste, celles appartenant aux diverses phases d'implantation. La portion d'enceinte présentée sur cette photographie est datée entre 1700 et 1250 av. J.-C., phase qui, probablement, s'acheva avec le siège mené par les Achéens.

70 EN BAS
Parmi les monuments les mieux conservés de Troie figure le petit odéon. Extérieur au mur d'enceinte, un amphithéâtre dont la construction, datée entre 400 et 350 av. J.-C., révèle l'appartenance hellénique de la stratification qui lui est apparentée.

une ville morte et doit le rester pour ne pas amorcer des foyers d'indépendance chez les Arméniens, qui ne se sont jamais résignés à ne pas posséder de patrie.

La côte de l'immense région asiatique de la Turquie, divisée entre la mer Égée et la Méditerranée, commence au détroit des Dardanelles, et s'achève à la rivière Oronte, à la frontière syrienne.

Cette très longue bande littorale part de l'une des villes les plus célèbres du monde antique : Troie. Elle fut mise au jour par un archéologue aventurier, Schliemann, qui, certain de découvrir la cité légendaire de Priam, entreprit des fouilles en 1868 sur la colline d'Hissarlik, à la hauteur du détroit des Dardanelles, aux environs de l'actuel Canakkale. Son intuition se révéla juste : Troie fut finalement mise au jour et, avec elle, quelques-uns de ses trésors.

Mieux organisées, les fouilles ultérieures menées par d'autres archéologues allemands prouvèrent que la cité découverte par Schliemann n'était en réalité qu'un des neuf centres urbains qui se superposèrent à Hissarlik, entre l'âge de bronze, l'époque hellénistique puis romaine.

Au sud de Çanakkale, les joyaux archéologiques de l'intérieur des terres de Lydie sont Pergame et Sardes. Ces villes jouirent d'un commerce prospère et connurent une vie culturelle intense qui les rendirent célèbres dans tout le monde antique.

L'antique cité de Pergame se dresse à 300 mètres d'altitude au-dessus de la

70-71 Les paysages, comme celui-ci, se succèdent sans interruption tout le long de la côte de l'antique royaume de Lycie. Les petites anses sablonneuses alternent avec d'autres dans lesquelles la mer lèche les parois de pierre blanche, et partout l'eau cristalline s'illumine de nuances émeraude et turquoise.

71 EN HAUT À GAUCHE
Pour ne pas décevoir les visiteurs qui s'attendent à un aspect « homérique » du lieu, le mythe s'est transmué en réalité : à l'entrée de Troie se dresse un cheval en bois en hommage au poème épique par excellence, l'Iliade, *dans lequel Homère fait le récit captivant du siège de la cité.*

71 EN HAUT À DROITE
La tour de l'Horloge est un monument dont Çanakkale est fière. La ville doit beaucoup à la proximité des ruines de la très célèbre Troie, mais sa prépondérance, due à sa position à l'embouchure du détroit des Dardanelles, perdure depuis des siècles et demeure stratégique.

72 EN HAUT À GAUCHE *La Cour Rouge, à Pergame, est un édifice imposant dont on ignore encore la fonction. Érigé au IIe siècle apr. J.-C., à l'époque d'Hadrien, il pourrait être le temple d'Asclépios.*

72 EN HAUT À DROITE *Pergame fut l'une des plus belles cités de l'Asie Mineure. On peut admirer sur cette photo le temple de Trajan, sur l'acropole, le site le plus haut de la ville.*

ville moderne, renommée pour ses tapis noués. L'âge d'or de la cité antique débuta à l'époque hellénistique, lorsqu'elle devint réputée comme centre commercial et intellectuel. La bibliothèque de la ville, qui contenait plus de deux cent mille volumes, est devenue mythique en même temps que celle d'Alexandrie. On est impressionné par les ruines du théâtre, adossé à flanc de colline avec ses quatre-vingts rangées de sièges et pouvant accueillir jusqu'à dix mille spectateurs. Le quartier de l'acropole, la « ville haute », offre une magnifique vue panoramique sur l'intérieur des terres de Lydie et comporte des ruines remarquables : à cet endroit se dressaient de nombreux temples, parmi lesquels on a conservé l'édifice imposant d'ordre corinthien dédié à Trajan et la Cour Rouge, dont le nom vient de la teinte des briques qui la composaient, un temps recouvertes de marbre.
Sardes fut la capitale de la Lydie et la cité de Crésus, le souverain aux fabuleuses richesses qui disputa à Midas la primauté en matière d'opulence. La magnificence de ce roi semi-mythique s'étend aux ruines d'une zone archéologique riche en pièces d'une très grande valeur. La Cour de Marbre avec son gracieux péristyle qui sert d'entrée au gymnase, considéré comme un chef-d'œuvre d'architecture « baroque » du temps des Sévère, fascine immédiatement le visiteur par la pureté de ses lignes. Sont également renommées les ruines de la synagogue adjacente aux thermes ; à l'intérieur, on a réussi à

72-73 *Le théâtre de Pergame, installé sur une pente escarpée, était l'un des plus vastes de l'antiquité. Ses gradins pouvaient accueillir jusqu'à 10 000 spectateurs et il était célèbre pour son excellente acoustique.*

73 AU CENTRE À DROITE *L'époque romaine s'est accompagnée, à Sardes, de la construction d'édifices aux lignes harmonieuses et à la blancheur marmoréenne caractéristiques.*

73 EN HAUT À GAUCHE *Son élégance fait de la Cour de Marbre le plus précieux trésor de Sardes : elle constituait l'entrée du gymnase romain datant du* IIIe *siècle.*

73 EN BAS À DROITE *Parmi les ruines de la synagogue jouxtant le gymnase, seul l'autel, dont la base est ornée de deux aigles aux ailes déployées, a été conservé.*

conserver un autel décoré d'aigles, dessins singuliers puisque non conformes à la tradition juive qui s'oppose à la présence de représentations anthropomorphes ou zoomorphes dans les lieux sacrés, les idoles étant considérées comme dangereuses pour la foi.
Se profilent ensuite Izmir et Kusadasi. Izmir, mégalopole de la côte méditerranéenne turque, a fini par assumer une atmosphère cosmopolite, grâce à ses

74 La bibliothèque de Celsus, à Éphèse, construite en 135 apr. J.-C., représente l'apogée de l'architecture hellénistique. Les bas-reliefs précieux qui la décoraient sont aujourd'hui exposés au Kunsthitorisches Museum de Vienne.

75 EN HAUT À GAUCHE Dans la cité grecque, l'agora consistait en une place entourée de portiques à colonnades sur laquelle avaient lieu les négociations, les discussions politiques, ou les simples conversations. Celle d'Éphèse, représentée ici, comptait parmi les plus vastes au monde, avec une longueur de 110 mètres.

75 AU CENTRE À GAUCHE L'odéon d'Éphèse est situé vers l'entrée de la rue du Marbre. Il est vraisemblable que l'édifice, capable de contenir 1 400 personnes et construit par P. Antonius Vedius et son épouse Flavia Papiana, était doté d'une toiture en bois.

contacts intenses avec les navigateurs. Kusadasi, non loin des îles grecques de Chios et Samos, centre balnéaire vivant, s'est développé au-delà de toute mesure, compte tenu de la proximité d'Éphèse.

La magnifique cité d'Éphèse offre un «rendez-vous» passionnant avec l'archéologie. Elle a en effet conservé des vestiges considérables d'une immense richesse matérielle et spirituelle, qui l'ont destiné à devenir l'un des lieux les plus importants de l'Empire romain. Du sanctuaire d'Artémis, un des plus important de l'Antiquité, il ne reste quasiment rien, mais au cœur de l'Éphèse antique se dressent thermes, fontaines, monuments, colonnes, temples et théâtres en marbre dans un état presque parfait. Sur ce vaste site archéologique la pureté formelle d'édifices comme la bibliothèque de Celsus, ou le temple d'Hadrien, très bien conservé, s'oppose la majesté du théâtre, dont l'immense *cavea* était capable d'accueillir 24 000 spectateurs, et qui, aujourd'hui, offre au visiteur le spectacle de ruines blanches disséminées sur les hauteurs et de la route qui conduisait à la porte, une bande marmoréenne tendue dans la plaine.

Après Kusadasi, la côte se poursuit plate et sablonneuse, émaillée de petits golfes

75 AU CENTRE À DROITE Une représentation de Méduse et des volutes aux motifs floraux décorent l'entablement de l'entrée du temple d'Hadrien, à Éphèse.

75 EN BAS À DROITE L'empereur Hadrien visita souvent la côte turque et explora l'arrière-pays pour la conduite de ses campagnes militaires. Les victoires de l'empereur déterminèrent la construction de nombreux monuments en son honneur. Le portique présenté ici appartient au temple d'Hadrien.

76 EN HAUT
Le temple d'Apollon, à Didymes – l'un des sanctuaires les plus célèbres au monde – présente des dimensions imposantes (119 m × 60 m). Les 122 colonnes qui soutiennent la structure mesurent 19,40 m de hauteur. Sa construction se poursuivit du IIIe siècle av. J.-C. jusqu'à l'ère romaine, mais cela ne fut pas suffisant et l'édifice resta inachevé.

76-77 Le grand théâtre d'Éphèse longeait la route pavée, aujourd'hui ensablée, mais qui, autrefois, conduisait au port. D'origine hellénistique, cet édifice grandiose fut reconstruit par les Romains entre 41 et 117 apr. J.-C. La cavea pouvait contenir jusqu'à 25 000 spectateurs, et elle s'élevait à quelque 30 mètres de hauteur.

77 EN HAUT À GAUCHE
Cet impressionnant visage de méduse ornait l'architrave du temple d'Apollon, à Didymes. Le terrain entourant le temple contient de nombreux fragments architectoniques, tandis que les plus précieux sont exposés au British Museum de Londres.

77 EN HAUT À DROITE
Le site de Priène, qui n'est plus accessible de la mer depuis l'avancée du littoral, se dresse sur un piton rocheux : un tel déplacement, aux conséquences dramatiques, confère au site une position d'une beauté exceptionnelle.

77 AU CENTRE
Sur cette pièce en marbre de la porte d'Héraclès à Éphèse, le héros est représenté avec la dépouille du lion de Némée qu'il étouffa. Ces vestiges bordent la rue des Curètes, une artère citadine détruite par un séisme au IVe siècle av. J.-C. et reconstruite immédiatement. Personnages mythologiques, les Curètes désignaient également des prêtres guerriers qui célébraient le culte de Zeus appelé kouros.

77 EN BAS
Partiellement recouvert, le théâtre de Milet, adossé à la pente d'une modeste colline et soutenu par de solides contreforts, se trouvait à l'entrée de la cité et regardait vers le port. Sur les premiers rangs des gradins de cet imposant édifice, d'une capacité similaire à celle du théâtre d'Éphèse, des inscriptions mentionnant les noms ou la qualité des personnages pour lesquels ces places étaient réservées, ont parfois été conservées.

profonds tandis que l'arrière-pays est constellé de cités hellénistiques comportant des vestiges archéologiques d'une rare beauté situés dans la plaine alluviale créée par le tortueux fleuve Meandro.

La première cité que l'on rencontre, retranchée sur un éperon desséché, une position d'une exceptionnelle beauté, est la ionienne Priène, dont la construction fut conçue par Hippodamos de Milet, au Ve siècle av. J.-C., selon un plan rigoureusement orthogonal. Les principaux monuments du site sont le temple d'Athéna, d'ordre ionique, dont l'édification fut assurée par Alexandre le Grand, et un petit théâtre hellénistique contenant, au centre, un autel sacrificiel du culte de Dionysos.

Légèrement au sud, on trouve Milet, centre d'origine mycéenne, qui, à l'époque classique, devint la cité la plus importante de la confédération ionienne. Son magnifique théâtre, édifié au IVe siècle av. J.-C., est impressionnant par ses dimensions et son état de parfaite conservation. Il fut réaménagé au IIe siècle par les Romains.

Autrefois partait de Milet une route pavée qui rejoignait Didymes, célèbre pour son immense sanctuaire d'Apollon. Jamais achevé, cet édifice reposait sur de solides colonnes et était construit avec des dalles en marbre aux dimensions et poids considérables, l'une d'entre elles atteignant 48 tonnes. Le célèbre bas-relief de marbre figurant un visage de méduse est devenu l'un des symboles de la culture ionienne.

78 EN HAUT
Un tombeau de la nécropole de Hiérapolis émerge du sol recouvert de calcaire, cristallisé par la source de Pamukkale. Cette eau n'empêche pas la végétation de pousser.

78 AU CENTRE
La ville de Hiérapolis fut construite pour exploiter les eaux curatives de la région. Le roi de Pergame, Eumène II, décida de sa fondation en 190 av. J.-C. Par la suite, les Romains l'embellirent, l'agrandirent et la dotèrent du grand théâtre représenté ici.

78 EN BAS
La porte septentrionale de Hiérapolis fut édifiée sous Domitien. Elle donnait sur une large rue pavée de marbre et flanquée de boutiques et d'habitations.

78-79 Ce paysage fascinant d'une blancheur quasi irréelle est constitué de terrasses irriguées par une eau particulièrement calcaire. C'est à Pamukkale – nom qui signifie « château de coton » – que se trouvent les sources thermales à l'origine de ce site aussi étrange qu'extraordinaire.

Lorsque l'on quitte la côte pour faire un détour vers l'est, dans l'arrière-pays champêtre, on découvre les piscines laiteuses de Pamukkale, une merveille archéologique résultant de la haute teneur en calcaire de l'eau qui forme des vasques et des stalactites blanches qui se détachent du flanc obscur de la montagne. Pamukkale, surnommé le « château de coton », aperçu dans le lointain, évoque, en effet, une forteresse d'une blancheur immaculée semblable aux champs de coton. Les eaux jaillissant de ces vasques étaient déjà renommées, dans l'Antiquité, pour leurs qualités thérapeutiques, en particulier pour le traitement des maladies de peau, des yeux et des rhumatismes. Près des cascades s'étend le site majeur de Hiérapolis, ville thermale romaine détruite plusieurs fois par des séismes, notamment en 17 apr. J.-C., et qui atteignit son apogée au IIIe siècle. Le site renferme des ruines remarquables. Au fond du grand bassin d'eau laiteuse,

79 EN HAUT À GAUCHE
Le bassin de l'Hôtel de Pamukkale n'est rien d'autre qu'une vasque romaine, au fond de laquelle affleurent des fragments de colonnes et de chapiteaux détruits lors de l'un des nombreux séismes qui affectèrent l'ancienne cité de Hiérapolis, la ville limitrophe des terrasses pétrifiées.

79 EN HAUT À DROITE
Une autre vue des vasques de Pamukkale. Il y a encore quelques années, on pouvait se baigner, dans ces bassins naturels en travertin, mais, en raison de la dégradation de ces merveilles de la nature, le gouvernement a été contraint d'interdire les baignades.

on discerne aisément des fragments de colonnes et de chapiteaux ayant appartenu aux anciens thermes.
En traversant les champs de coton d'une région agricole verdoyante, dans l'arrière-pays anatolien, on arrive ensuite à Aphrodisias, la cité des rites sacrés de l'amour, habitée déjà à l'âge du bronze et consacrée au culte de la déesse Aphrodite à l'époque gréco-romaine. Aujourd'hui, le visiteur est agréablement surpris par le magnifique théâtre qu'abrite ce site très ancien – théâtre qui fut transformé, au IIe siècle apr. J.-C., en arène pour les *ludi gladiatorii*, et par les ruines du stade voisin qui, dans l'Antiquité, pouvait contenir jusqu'à 30 000 spectateurs; c'est, de fait, l'un des monuments gréco-romains les plus imposants et passionnants au monde. Imposantes le sont aussi les ruines des thermes d'Hadrien, qui jouxtent celles du gymnase et du temple d'Aphrodite, transformés en basilique par les Byzantins, mais qui conservèrent ses nombreuses colonnes. Aphrodisias, redécouverte au début du siècle dernier, offre aussi de nombreuses statues qui témoignent de l'existence d'une école de sculpture locale influente, dont les

80 Des colonnes lisses, torses et cannelées soutenaient l'harmonieux tétrapyle d'Aphrodisias, à peu de distance du temple consacré à la déesse éponyme de la cité.

81 AU CENTRE ET EN BAS À GAUCHE *Ruines d'un petit odéon (en haut) et du portique de Tibère (en bas), qui accueillait des ateliers et des boutiques.*

81 EÀ DROITE EN HAUT ET AU CENTRE *Bien conservé, le théâtre – dont on a ici un panorama détaillé – accueille encore de nos jours des manifestations publiques.*

81 À DROITE AU CENTRE ET EN BAS *Aphrodisias conserve d'impressionnants vestiges d'édifices destinés aux loisirs : outre les ruines du théâtre, on peut admirer celles de l'hippodrome (en haut) et une grande partie de l'odéon (en bas).*

82 EN HAUT À GAUCHE
Dans le château qui domine Bodrum est installé un musée passionnant dans lequel sont conservés des vestiges retrouvés dans la mer. La ville est aujourd'hui un lieu de villégiature très animé. Du mausolée, qui comptait parmi les merveilles du monde antique, il ne reste rien.

82 EN HAUT À DROITE
Le château Saint-Pierre était divisé en plusieurs sections occupées par des croisés de diverses nationalités d'Europe. Sur cette photographie, on reconnaît au premier plan la tour allemande; à gauche la tour française, et à droite, à moitié cachée par la végétation, la tour italienne.

œuvres étaient appréciées et exportées dans tout le monde romain. Le musée local présente diverses pièces, parmi lesquelles une statue assise de la déesse qui a donné son nom à la cité.

Ville jeune et dynamique, Bodrum s'étend autour de la forteresse croisée, le château Saint-Pierre qui domine le port, construite par les Chevaliers de Rhodes au XVe siècle. C'était autrefois l'antique Halicarnasse, où avait été édifié le merveilleux tombeau du roi Mausole. Son édification fut l'œuvre de la reine Artémise, épouse du satrape perse Mausole, au IVe siècle av. J.-C. Immense et stupéfiant, il n'en reste plus malheureusement que des ruines. Resté pratiquement intact jusqu'à la fin du IIe siècle apr. J.-C., ce magnifique monument a subi le sort d'innombrables autres œuvres de l'antiquité : il fut transformé en carrière de matériaux de construction et mis à disposition pour l'édification d'autres bâtiments, et en particulier pour celle du déjà mentionné château Saint-Pierre.

Le golfe de Gököva sépare Bodrum de Marmaris, deux cités situées sur une péninsule tortueuse. Datça et plusieurs autres villages émaillent cette étroite bande de terre alternant plages et anses jusqu'aux ruines de Cnide, véritable Éden pour les passionnés de vestiges antiques et point de séparation entre l'Égée et la Méditerranée. Marmaris fut une très belle ville et accueillit, autrefois, dans le temple consacré à la déesse, une statue d'Aphrodite sculptée par Praxitèle et comparable à aucune autre.

82-83 *Le port de Bodrum est dominé par le château Saint-Pierre. La ville moderne fut construite sur le site de l'ancienne cité d'Halicarnasse, célèbre pour le tombeau monumental que fit ériger Artémise pour son défunt époux, Mausole, satrape de la Carie soumise à l'Empire perse.*

83 EN HAUT
Autre lieu touristique très fréquenté, Marmaris est doté d'un port vivant, d'hôtels et de restaurants. L'animation y est toujours à son comble. Seul un modeste château médiéval partiellement reconstruit témoigne du passé historique de la ville.

83 EN HAUT À DROITE, AU CENTRE ET EN BAS
Le golfe de Marmaris (en haut) bénéficie d'une côte verdoyante. La péninsule qui s'étend au-delà de la bourgade – on peut mieux se représenter le port par les photographies au centre et en bas – consiste en une succession de rades, de plages et de recoins délicieux peu habités. La pinède descend jusqu'à l'eau qui est restée préservée de la pollution.

84 EN HAUT À GAUCHE
Les parois de roche rougeâtre de la dernière ramification côtière du mont Taurus sont constellées de tombeaux rupestres. Les sépultures que l'on voit ici appartiennent à la nécropole de Myra, voisine de la cité de Demre, où la légende veut que naquît saint Nicolas qui, dans les pays nordiques, est devenu Santa Claus.

84 AU CENTRE À GAUCHE
Les tombeaux rupestres de Caunus surplombent le cours de la rivière Kirenis, non loin de la mer. Les habitants de l'antique cité sont passés à la postérité pour des raisons dramatiques : les malheureux furent en effet décimés par la malaria, naturellement présente dans cette zone marécageuse.

84 EN BAS À GAUCHE
Un sarcophage lycien de forme ogivale caractéristique se dresse au sommet de quatre pilastres : c'est la sépulture classique que les Lyciens offraient aux morts de haut rang.

84 EN HAUT À DROITE
Toute la région côtière de l'antique Lycie est émaillée de nécropoles rupestres, mais le complexe de Fethiye, l'antique Telmessos, creusé dans une falaise escarpée, est le plus spectaculaire. Dans les tombeaux locaux, l'influence orientale se mêle à une inspiration hellénistique.

85 EN HAUT À GAUCHE
Le magnifique tombeau d'Amyntas, creusé dans la roche rougeâtre de Fethiye vers 350 av. J.-C., reproduit la façade d'un temple ionique. La frise en dessous du tympan mérite d'être signalée.

84-85 ET 85 EN HAUT À DROITE
Aux environs du grand golfe de Fethiye s'articule une suite quasi labyrinthique de rades cachées et de bras de mer accessibles seulement par barque. Pour ceux qui aiment la mer, la solitude et la tranquillité, ce lieu est un véritable paradis.

Aujourd'hui, les uniques vestiges antiques de la cité sont représentés par la forteresse ottomane qui domine le promontoire. À l'image de Bodrum, Marmaris est devenu un centre touristique renommé et surpeuplé dès que commence la partie de la côte appelée « turquoise » et ce jusqu'à Antalya.

À une cinquantaine de kilomètres à l'est de Marmaris, Caunus possède un théâtre d'une origine grecque évidente, un temple corinthien et des thermes romains. Toutefois, l'aspect le plus intéressant de la localité réside dans les tombeaux rupestres, datant probablement du IVe siècle av. J.-C., et qui, creusés au flanc de la falaise, donnent directement au-dessus de la mer. On retrouve des tombes similaires dans la ville voisine de Fethiye – l'ancienne Telmessos – qui fut l'une des principales cités de la Lycie. Malheureusement, la plupart des vestiges du centre antique furent grandement endommagés par deux séismes, survenus en 1956 et 1957. Fort heureusement, les sépultures creusées dans la roche, datées entre le VIe et le IIIe siècle av. J.-C., n'ont pas été détruites et sont considérées comme les plus belles de la région. Le tombeau le mieux conservé, celui d'Amyntas, présente une façade à piliers et colonnes surmontés de chapiteaux ioniques et inscrits entre deux pilastres.

Juste après avoir quitté Fethiye, on pénètre dans une autre région riche de vestiges historiques. Ainsi, à Létôon, ville consacrée à la déesse Léto, mère d'Apollon et d'Artémis, on peut admirer

87 EN BAS À GAUCHE
Antalya était protégée par de puissants murs dont il ne reste que de rares portions et quelques tours. Ici, la tour de Hidirlik, construite par les Romains pour servir de phare.

87 EN HAUT À DROITE
La rivière Duden se jette dans la mer en une impétueuse cascade, à proximité d'Antalya.

87 EN BAS À DROITE
La pureté architectonique et chromatique du mausolée de Zincir Kiran Mehmet Bey, à Antalya, rappelle le style de l'Asie centrale, c'est-à-dire la région d'où les ancêtres des Turcs actuels partirent pour conquérir un empire destiné à devenir immense et très puissant.

les vestiges d'un temple dédié à cette même déesse. À Xanthos, on découvre une série de sarcophages érigés sur de hautes colonnes et décorés de magnifiques bas-reliefs, ainsi qu'un imposant théâtre romain. Enfin l'ancienne Myra, aujourd'hui Demre, impressionne par sa remarquable nécropole rupestre creusée dans la falaise.
Ölu Deniz, la plage la plus photographiée de Turquie, permet d'accéder aux villages riverains et animés que sont

86 EN HAUT À GAUCHE
Le long des ruelles de Kas, les boutiques d'artisanat et les restaurants de poissons sont nombreux.

86 EN HAUT À DROITE
En face de Kas et de son golfe, à quelques kilomètres seulement de la côte, se profile Kastellorizon, la plus orientale des îles grecques.

Kalkan et Kas. Petite bourgade élégante et vivante, Kas gravite autour d'un centre pittoresque, renommé pour sa production de tissus artisanaux, et donne sur une baie considérée comme l'une des plus belles de la côte turque, juste en face de l'île grecque de Kastellorizon. En poursuivant son chemin vers le nord, en longeant toujours la côte, on arrive ensuite à Antalya, qui renferme l'un des musées archéologiques les plus attrayants de la région, avec sa collection de statues lyciennes, grecques et romaines, et qui a conservé

86-87 Le petit port de Kas est aujourd'hui plus fréquenté par les embarcations de plaisance que par les pêcheurs.

87 EN HAUT À GAUCHE
Malgré son expansion, Antalya a conservé intact le portique construit par les Romains sous Hadrien (IIe siècle apr. J.-C.). On trouve encore de magnifiques maisons ottomanes en bois dans le quartier de la gare.

un ancien portique, entouré de maisons en bois de l'époque musulmane, dont certaines ont été transformées en boutiques. Il est flanqué à l'est d'une grosse tour, la Hidirlik Kulesi, un ancien phare romain transformé au Moyen Âge en tour de guet. On pourra admirer, non loin de la ville, les pittoresques cascades de la rivière Duden, qui se jettent directement dans la mer.

En pénétrant dans le site d'Aspendos, on est immédiatement impressionné par son théâtre. Chef-d'œuvre de l'art romain auquel la ville doit sa renommée, c'est l'une des plus éminentes réalisations architecturales de la Pamphylie. Autrefois la ville tirait sa richesse de la production et du commerce du sel et de l'huile d'olive, ainsi que de ses somptueux tapis tissés d'or. Aujourd'hui, voisine de la moderne Antalya, c'est un site particulièrement visité par les touristes, attirés notamment par son théâtre, suffisamment impressionnant pour que Kémal Atatürk ordonne sa restauration afin qu'il puisse servir de cadre à des concerts. La scène est parfaitement conservée, seules manquent les plaques de marbre qui recouvraient l'intérieur du théâtre. À l'époque de sa splendeur, celui-ci pouvait accueillir aisément jusqu'à 15 000 personnes.

Lorsque l'on se dirige plus à l'est, à treize kilomètres d'Antalya, on arrive à Pergé, un centre éminent de la culture hellénistique, d'une grande richesse grâce à l'importance de son activité commerciale. Selon ses habitants, Pergé aurait été fondé par Calchas et Mopsos, au lendemain de la guerre de Troie à laquelle ils avaient participé. Pergé, conquise par Alexandre le Grand sans coup férir, s'étend au pied d'une colline qui a conservé les vestiges d'une acropole byzantine. Adossé à cette même colline, le théâtre possède encore quelques bas-reliefs sculptés représentant Dionysos. Pergé dispose par ailleurs d'un magnifique stade elliptique, d'une capacité de 11 500 spectateurs. Les thermes de la ville, parmi les

88 EN HAUT À GAUCHE ET EN BAS Dans la campagne fertile située en retrait d'Antalya, les restes de l'aqueduc d'Aspendos témoignent de la maîtrise des Romains dans ce domaine. C'est Tibère qui ordonna sa construction. L'un des ponts mesurait 850 mètres de long et l'on peut encore discerner les vestiges des tours qui régulaient le flux hydraulique.

88-89 Le théâtre d'Aspendos est l'un des monuments les plus étonnants de cette ville, qui fut autrefois active et florissante. L'édifice, en effet, ne fut pas excavé dans le flanc de la montagne, mais érigé sur de solides substructions qui déterminèrent le diamètre et la hauteur des gradins. Magnifiquement conservée, la cavea *accueillait jusqu'à 15 000 personnes.*

89 EN HAUT À GAUCHE
À Pergé également, le monument le plus imposant est le théâtre : adossé à une colline, il pouvait contenir 15 000 spectateurs. La cavea est bien conservée mais la scène a fait l'objet de restauration. La ville existe depuis fort longtemps puisque, les premières implantations humaines, localisées sur l'acropole, sont attestées dès le XIe siècle av. J.-C.

89 EN HAUT À DROITE
La majestueuse voie principale de Pergé, large de 20 mètres et flanquée de portiques, conduisait à l'acropole de la ville, où était situé l'arc érigé par Demetrios et Apollonios. Quelques colonnes sont ornées de reliefs figurant des personnages, parmi lesquelles Artémis de Pergé, la patronne de la ville, dont l'effigie est également présente sur les pièces de monnaie.

89 EN BAS À DROITE
Située dans la plaine de Pamphylie, Pergé connut une période d'authentique splendeur pendant l'ère hellénistique. Elle fut conquise sans coup férir par Alexandre le Grand en 334 av. J.-C., car la cité était dépourvue de bastions. C'est entre ses murs, par ailleurs, que naquit l'astronome et mathématicien Apollonius. La ville possédait aussi un sanctuaire consacré à Artémis, dont il ne reste aucune trace aujourd'hui. On voit ici la porte principale de la ville, d'une forme ovale caractéristique.

90 EN HAUT
La porte romaine, percée dans le mur d'enceinte qui protégeait Sidé, donnait accès au centre de la cité. Le musée archéologique local est installé dans l'édifice qui, autrefois, abritait les thermes romains.

90 EN BAS
Tout ce qu'il reste du temple consacré à Apollon : ces cinq colonnes corinthiennes qui soutiennent un fragment de l'entablement avec la métope sculptée et l'angle du tympan. Au premier plan, un chapiteau est couché sur le sol.

91-94 *Le théâtre est sans aucun doute le monument majeur de Sidé, centre commercial très actif depuis le VIIe siècle av. J.-C., Il fût singulièrement bâti au IIe siècle selon les techniques constructives romaines, c'est-à-dire érigé sur de solides substructions en terrain plat et non, comme à l'accoutumée, sur la pente d'une colline.*

95 Avec un effort d'imagination, on peut recréer l'élégant sanctuaire dédié aux nymphes de Sidé, érigé au IIe siècle apr. J.-C., avec sa façade sur deux et trois plans de style corinthien. Un aqueduc acheminait l'eau du fleuve Melas, aujourd'hui appelé Manavgat Çayi.

plus précieux de la zone archéologique turque, sont subdivisés comme le voulait la tradition – en *caldarium*, *tepidarium*, *frigidarium*, *apodyterium*, etc. – avec des vasques recouvertes de marbre. Il faut ajouter que la plupart des statues conservées au musée d'Antalya proviennent de Pergé.

La plaine côtière qui suit Antalya pénètre dans l'antique Cilicie, autrefois terre de pirates d'une habileté incomparable, elle reste émaillée de châteaux ottomans et croisés. Dans cette région, où les eaux sont plus chaudes, les plages de sable sont parsemées de ruines grecques, comme à Sidé. La mer vient lécher les ruines de cette ville, surnommée en dialecte anatolien la « grenade », en raison de la fertilité des terres alentour. L'embouchure de l'Eurimedonte n'est pas loin. Fondée au VIIe siècle av. J.-C. par des colons grecs d'Éolide, Sidé fut facilement conquise par Alexandre le Grand, avant de devenir une ville séleucide, et un port commercial très apprécié des Romains. Sa décadence s'amorça à partir du VIIe siècle apr. J.-C. La zone archéologique, en partie encore ceinte de murailles, est annoncée par un aqueduc romain. On découvre ensuite les vestiges du théâtre, monument majeur de la petite ville, dont la structure est singulière. En effet, il ne fut pas construit sur le flanc d'une colline, comme à l'accoutumée, mais érigé sur de solides substructions,

98 EN HAUT À GAUCHE
Dernières heures de fouilles à Zeugma : archéologues et terrassiers s'activent pour soustraire les vestiges à l'inondation imminente de la région.

98 EN HAUT À DROITE
Les magnifiques mosaïques romaines de Zeugma doivent encore en grande partie être étudiées et cataloguées. Compte tenu de la hâte dont les archéologues ont dû faire preuve, les découvertes se sont succédé à un rythme rapide.

frontière syrienne se poursuit avec Anamur, Iskenderun (l'ancienne Alexandrette) et Antakya (Antioche-sur-Oronte), ville autrefois d'une formidable puissance et qui possède aujourd'hui l'un des plus riches musées de Turquie. Sur l'ensemble du territoire turc sont disséminés d'innombrables témoignages du passé, mais peu ont reçu l'attention qu'ils méritaient et ont fait l'objet de fouilles. Il existe encore un nombre à peu près estimé de sites non mis au jour, parmi lesquels Zeugma qui, après avoir fait connaître ses trésors inestimables, a brusquement « disparu » dans les profondeurs de la terre : inutile de chercher son nom sur une carte géographique ou dans des livres d'art, Zeugma est une cité ensevelie dans la nuit des temps et tombée dans l'oubli. Redécouverte récemment, Zeugma se trouve dans une localité destinée à être inondée en raison de la construction d'un grand barrage non loin de Birecik et Belkis, deux petites villes du sud. La décision irrévocable du gouvernement turc de procéder aux travaux a déclenché une véritable course contre le temps. Des fouilles hâtives ont ainsi permis de mettre au jour le passé de cette ville mystérieuse, silencieuse depuis le IIIe siècle av. J.-C., époque à laquelle sur les rives de l'Euphrate, non loin de l'actuelle frontière avec la Syrie, le roi Seleucos Ier Nicator décida de construire un pont, le seul qui franchissait le fleuve. C'est ainsi que naquit Zeugma, dont le nom en grec ancien signifie « jonction ». La cité continua à se développer, et les Romains, au IVe siècle, y installent le siège de la IVe légion, le plus important avant-poste militaire de Rome en Orient. Devenue ensuite une étape obligée le long de la route de la Soie, la ville compta jusqu'à 60 000 habitants, auxquels venaient s'ajouter 10 000 militaires. Florissante pendant de longs siècles, Zeugma finit par sombrer après les saccages et les destructions dont les Perses Sassanides se rendirent responsables, sans jamais se relever. Pour perpétuer son souvenir, il ne reste aujourd'hui que les merveilleuses mosaïques sauvées de la destruction due au temps et à l'inondation déclenchée par les hommes.

À quelques kilomètres de Zeugma, la cité perdue s'étend la Syrie : un autre monde commence.

98-99 Ce détail provient d'une des deux mosaïques de Zeugma exposées provisoirement au musée archéologique de Gaziantep, à quelques kilomètres de la Syrie. Ce regard intense nous touche par-delà le temps.

99 EN HAUT
Le raffinement des mosaïques de Zeugma n'a rien d'étonnant : si cette localité nous paraît reculée, pour les Romains, elle était un nouveau lieu où ils pouvaient réaliser des œuvres d'art et des monuments.

99 EN BAS
L'inondation du site a été différée plusieurs fois, mais lorsque l'ordre a été enfin exécuté, il a fallu seulement trois semaines à l'Euphrate pour enfouir Zeugma sous les eaux.

ISTANBUL, LA PORTE DE L'ORIENT

100 EN BAS À DROITE
La mosquée Büyük Meridiye se dresse à Ortaköy, faubourg d'Istanbul célèbre pour ses cafés et sa fascinante atmosphère orientale.

101 EN HAUT À GAUCHE
Une vue d'Istanbul que l'on peut admirer du pont Atatürk : à gauche se détachent les minarets de la Nouvelle Mosquée avec, à l'arrière-plan, les tours plus « trapues » de Sainte-Sophie.

101 EN HAUT À DROITE
Devenue Istanbul lorsque l'armée de Mehmet II s'en empara, le 29 mai 1453, la grande ville du Bosphore est aujourd'hui une métropole en expansion.

100-101 Le passé et le présent se font face : Rumeli Hisar, la « forteresse de l'Europe », se dresse devant le plus récent des deux ponts du Bosphore.

100 EN HAUT À GAUCHE
Les maisons caractéristiques en bois d'Üsküdar, sur la berge asiatique du Bosphore, récemment sauvées de l'abandon, sont dominées par les murs d'Anadolu Hisar, le « fort d'Anatolie ».

100 EN BAS À GAUCHE
L'audacieuse travée du premier pont sur le Bosphore encadre la masse blanche du palais de Beylerbey, une des dernières demeures commanditées par les sultans, et édifiée dans un style très « européen », au XIXe siècle.

Selon un voyageur aussi remarquable que Mark Twain, il faut arriver à Istanbul par la mer, en sillonnant les eaux obscures de la mer de Marmara, pour pénétrer dans le Bosphore et découvrir sur les deux berges les silhouettes des minarets et des coupoles des mosquées, les ponts ultra-modernes, les gratte-ciel, le bastion séculaire de Topkapi, et le fourmillement des habitants : l'eau, de fait, reste la voie naturelle pour accéder à l'âme d'Istanbul.

Jamais, comme au XXe siècle, la métropole turque n'aura accéléré la « mixité » sociale, politique et culturelle entre les exigences orientales et les influences de l'Occident. Des contrastes très marqués s'observent aux périphéries accueillant les nouveaux arrivants, avec des quartiers où la ferveur et la rigueur islamiques sont les plus palpables, et des quartiers résidentiels, sur le Bosphore, où l'atmosphère se fait plus européenne, et où les restaurants proposent du *raki*, l'alcool national à l'anis.

L'urbanisation massive a bouleversé les limites d'Istanbul : de très vastes quartiers ont surgi dans toutes les directions selon des plans pas toujours rigoureux, la zone asiatique Üsküdar s'est démesurément agrandie et l'Istanbul européenne ne cesse d'étendre sa périphérie comme une tache d'huile. On estime la population actuelle d'Istanbul à plus de 7 millions de personnes.

Le changement s'accélère vertigineusement, mais pour le visiteur, sa vision de la porte de l'Orient se limite généralement au centre historique, l'embryon à partir duquel est née la ville aux multiples noms : Byzance, Constantinople, Istanbul.

En termes de topographie, l'ensemble urbain est séparé par le détroit du Bosphore en deux grandes zones, reliées aujourd'hui par deux ponts et des bacs au départ et à l'arrivée des jetées d'Eminönü. La zone européenne est subdivisée, à son tour, par l'anse de la Corne d'Or, traversée par trois ponts, le plus à l'est étant le célèbre pont de Galata. Istanbul se retrouve ainsi divisée en trois sections, auxquelles vient s'ajouter, le long de la berge septentrionale du Bosphore, une succession de pittoresques villages qui se sont rapidement transformés en quartiers urbains.

Le centre historique d'Istanbul – celui où l'on peut admirer les monuments – est constitué du quartier de Sultanahamet, une colline sur laquelle prit naissance l'histoire mythique et chronologique de la cité, depuis l'arrivée du roi grec Byzas à l'amour tragique entre Héro et Léandre, en passant par la domination romaine, puis l'audacieux choix de Constantin et des siècles de conquête, de splendeur et de

102 EN HAUT À GAUCHE
Des coupoles de forme caractéristique protègent le harem du palais de Topkapi, qui n'était pas seulement une prison dorée dans laquelle vivaient, recluses, les épouses du souverain, mais qui renfermait aussi les pièces d'habitation du sultan. Dans le palais de Topkapi pouvaient vivre jusqu'à trois cents femmes.

102 EN HAUT À DROITE
Un portique très sobre délimite une des cours du harem. Intrigues, coups d'État et crimes se complotaient dans le secret du gynécée, où les femmes exerçaient un véritable pouvoir occulte.

102-103 Belle vue panoramique de la métropole permettant d'apprécier l'étendue des bâtiments de Topkapi, le palais du sultan, construit sur une colline qui domine la ville et le Bosphore.

103 À GAUCHE
Une fontaine à trois vasques richement ornée de fresques et décorée de signes calligraphiques se détache devant la bibliothèque d'Ahmet III. L'eau a toujours revêtu une grande importante pour les Ottomans, qui avaient émaillé leur empire de très belles fontaines.

décadence ottomane, jusqu'à Atatürk. La découverte d'Istanbul commence par Topkapi, le siège de la Sublime Porte, le magnifique palais dans lequel, pendant des siècles, vécurent sultans tout-puissants et souverains incapables. Devant l'entrée principale du palais se dresse, tel un avertissement antique, la fontaine polygonale dans laquelle les janissaires avaient l'habitude de laver leurs cimeterres ensanglantés après les exécutions : aujourd'hui, l'élégant kiosque n'a plus rien de macabre; bien au contraire, il nous initie à un microcosme rempli de merveilles. Pour moitié résidence publique, et pour moitié musée, le palais est très éclectique. Composé d'un mélange de styles, il est divisé en quatre grandes

103 EN HAUT À DROITE
Au printemps, les parterres de Topkapi se remplissent de tulipes – en turc, lale *-, les fleurs préférées des sultans, et dont des bulbes furent dérobés, puis transportés secrètement en Europe.*

103 AU CENTRE À DROITE
La bibliothèque d'Ahmet III, édifiée en 1718 sur l'ordre de ce souverain féru d'art et de littérature, abrite une extraordinaire collection de vêtements précieux et de costumes impériaux.

103 EN BAS À DROITE
Outre sa fonction de résidence du sultan, le palais de Topkapi était également le siège administratif des territoires unifiés du croissant turc. Ici, l'un des pavillons dans lequel le souverain tenait audience.

104 AU CENTRE EN HAUT
Le centre de la vaste terrasse du pavillon de Bagdad est occupé par l'une des nombreuses fontaines qui ornent le palais de Topkapi. La balustrade, en arrière-plan, derrière un kiosque doré, offre un panorama complet d'Istanbul et du Bosphore.

104 AU CENTRE
Topkapi est composé de multiples cours fermées auxquelles on accède successivement. La première était réservée au corps de garde des Janissaires, des hommes d'armes qui jouissaient d'une influence très importante sur le souverain.

104 EN BAS
Cet autre élégant portique ouvre sur l'Hirka-i-Saadet, ou « appartement de la Félicité », une série de salles dans lesquelles se rendaient les visiteurs d'un haut rang. Ses salles étaient agrémentées de meubles précieux et décorées de faïences d'Iznik.

105 EN HAUT À GAUCHE ET À DROITE
Les secteurs les plus somptueux de Topkapi étaient naturellement ceux destinés à la vie privée du sultan ; ils comprenaient les salles de réception, mais aussi de vastes cuisines où il était très facile de se rendre dans la mesure où le palais constituait une ville dans la ville. Les anciennes pièces de service sont aujourd'hui vouées à l'exposition de précieuses collections de céramiques et de porcelaines.

104-105 Dans l'un des pavillons les plus somptueux et vastes de Topkapi est conservé le trésor impérial, une collection de joyaux et de bijoux en argent et or, de jades, perles, diamants, rubis et émeraudes que les sultans faisaient venir du monde entier pour orner leurs poignards, leurs bagues et leurs couronnes.

106 Le mot « divan » vient du turc diwan, *terme qui désignait l'assemblée de la plus haute autorité qui se réunissait pour décider des destinées de l'État et adopter les lois les plus importantes. On découvre ici une des salles réservées aux audiences, occupée par un fastueux baldaquin sous lequel les participants prenaient place.*

107 EN HAUT À GAUCHE
Les ornements de palais de Topkapi permettent au visiteur moderne de mesurer le faste et la richesse dans lesquels vivaient les sultans. On comprend pourquoi les diplomates et les visiteurs européens qui se rendaient à la cour d'Istanbul en faisaient à leur retour une description émerveillée.

107 AU CENTRE À GAUCHE
Cette salle polygonale coiffée d'une coupole ornée d'arabesques, contient, au centre, un magnifique brasero en bronze posé sur un tapis. Toutes les portes et les fenêtres sont recouvertes de panneaux de bois percés de trous, ce qui permettait de regarder à l'extérieur sans être vu.

cours et emprisonné entre des murs, de terrasses et de jardins qui dominent la ville et le Bosphore. Depuis la cour des redoutables Janissaires, on pénètre au cœur du palais avec le pavillon du gouvernement, les cuisines et le harem, qui, en réalité, était la partie du palais dans laquelle vivaient le sultan et sa famille.

Du harem, on ne peut visiter qu'une petite partie : des salles magnifiquement décorées de carreaux de faïence d'Iznik, d'élégantes fontaines en marbre, de vastes cours où l'on peut profiter de parterres de fleurs et de recoins ombragés par des arbres de différentes espèces.

On pénètre ensuite dans les salles du trésor impérial, conservé dans des dizaines de boîtes remplies de joyaux et de pierres précieuses extraordinaires comme le Kasikçi Elmasi, un diamant de 86 carats, ou une émeraude ne pesant pas moins de 3,2 kg. Souvent mécènes, les sultans s'employèrent à enrichir encore leur palais d'œuvres remarquables. Ainsi, dans les salles de la bibliothèque d'Ahmet III sont exposées des magnifiques collections de

107 EN BAS À GAUCHE
Corbeilles de fruits et peintures massives de fleurs ornent entièrement les murs de ce somptueux salon, illuminé et amplifié par le jeu des miroirs. La luminosité des panneaux multicolores est encore avivée par des rangées de tasseaux dorés.

107 EN HAUT À DROITE
Un angle du pavillon de Bagdad : on remarquera les niches couvertes d'arabesques, ornées de marqueterie en nacre, dans les murs revêtus de faïences aux décorations florales. La tradition islamique interdit toute représentation humaine.

107 AU CENTRE À DROITE
La salle de la Circoncision est l'une des plus belles de Topkapi. D'infinies nuances d'azur et de bleu alternent sur un fond blanc, et, parmi les volutes calligraphiques, on distingue des perroquets et des cerfs.

107 EN BAS À DROITE
Un panneau couvert de faïences d'Iznik qui décore la salle de la Circoncision. La céramique, matériau « pauvre » comparé aux ors et aux marbres utilisés à profusion dans le palais de Topkapi, est d'une élégance incomparable.

108 La fastueuse chaise à dossier présentée ici, le « trône des fêtes », réalisé au XVIe *siècle, était exclusivement utilisée par les souverains lors de célébrations religieuses. En bois de noyer recouvert de feuilles d'or ornées de petites roses, il était autrefois protégé par un baldaquin.*

108-109 Réalisé en 1550, au cours des dernières années du règne du grand sultan Soliman le magnifique (1494-1566), ce casque de parade est revêtu d'or damassé et incrusté de turquoises et de rubis. Une ornementation d'une telle richesse n'avait pas seulement une fonction décorative, mais donne une idée de la manière dont les souverains se présentaient en armes à l'âge d'or de l'Empire ottoman.

109 EN HAUT
Ce poignard inestimable, dont le fourreau en métal est incrusté de diamants et enrichi par trois émeraudes de taille inhabituelle, enchâssées dans le manche, est conservé dans les coffres qui renferment le trésor de Topkapi.

109 EN BAS
L'exécution de ce trône à baldaquin fut commandée par le sultan Ahmet Ier au début du XVIIe *siècle. Le luxe de ce meuble est impressionnant : il est incrusté d'ivoire, de nacre, de cristaux de roche et de pierres précieuses disposées selon des motifs naturalistes traditionnels. Le siège est surmonté par une plume en cristal de roche. Enfin, du baldaquin pendent un médaillon en or, une émeraude et une perle.*

110 À GAUCHE
Cette cruche à couvercle est incrustée d'émeraudes et de rubis, les pierres de prédilection des sultans. Le travail d'orfèvre de cet objet en or date du XVI*e siècle.*

110 À DROITE
La fiasque reproduite ici fut taillée dans un seul morceau de cristal de roche. Pourvue de deux becs latéraux reliés par une chaîne d'or, elle repose sur un pied de forme octogonale.

110 EN BAS
Tous les instruments nécessaires aux sultans pour tracer des calligraphies fascinantes se trouvaient réunis dans cette boîte ovale exécutée au XV*e siècle, dont la surface est entièrement recouverte d'émeraudes, de cristaux de roche et de rubis. C'est probablement durant ce siècle que la richesse des souverains de la Sublime Porte atteignit son apogée.*

111 EN HAUT À DROITE
Le bijou reproduit ici ne figure pas parmi les merveilles exposées au musée de Topkapi. Les ornements de ce type étaient accrochés aux turbans en soie avec des épingles : d'un dessin harmonieux, ce bijou est fait de diamants, de perles et d'or, qui lui donnent sa légèreté, sans pour autant faire oublier son caractère précieux.

111 EN HAUT À DROITE
On ignore l'origine du Kasikçi, surnommé le diamant du « marchand de cuillers ». Il semble cependant qu'il soit originaire d'Inde et finit, après être passé entre les mains de la mère de Napoléon, par être vendu à Istanbul.

111 EN BAS
On a utilisé chaque millimètre pour décorer la surface de la couverture de cet ouvrage, datant de 1500 et appartenant au sultan Murad III. Le livre est incrusté de minuscules pierres dures, d'émaux, d'or et d'enluminures minutieusement réalisées selon une géométrie parfaite.

112 EN HAUT À GAUCHE
Massive, sévère, imposante : c'est ainsi que se présente Sainte-Sophie de l'extérieur, vue des jardins qui l'entourent. La masse rougeâtre de l'édifice est dotée de proportions généreuses et surmontée par une gigantesque coupole, flanquée de deux semi-coupoles, comme le voulait l'architecture de l'époque.

112 EN HAUT À DROITE
Sur cette vue de Sainte-Sophie, on peut noter la puissance de la coupole, qui repose sur une rangée de fenêtres hautes et étroites et présente peu d'ouvertures. Le diamètre est de 31 mètres pour une hauteur de 55 mètres. L'édifice fut construit sur les ruines d'une précédente basilique détruite lors de violentes révoltes populaires en 532.

112-113 Vue panoramique de Sainte-Sophie, ou Agya Sofya, dédiée à la Divine Sagesse. Basilique construite sous le règne de Justinien, elle fut consacrée en 542. Ses architectes furent Anthémios de Tralles et Isidore de Milet. On doit à Kémal Atatürk sa transformation en musée.

vêtements, de tissus, de porcelaine et d'armes.

On pourra également visiter la monumentale basilique Sainte-Sophie (Haghia Sophia). Élevée sur une colline, elle est un magnifique exemple du faste de la tradition byzantine. Elle fut érigée au VIe siècle, sous le règne de Justinien, sur les fondations d'une première basilique construite deux siècles auparavant, brûlée en partie et saccagée ; puis avec l'arrivée des Ottomans, en 1452, elle fut transformée en

113 EN HAUT À GAUCHE
Le jeu des lignes de la coupole est bien mis en évidence sur cette photographie. Le portique visible en hauteur est utilisé pour parcourir le balcon réservé aux femmes. De nombreux éléments en marbre proviennent de monuments antiques.

113 EN BAS À GAUCHE
Avec l'avènement de l'islam, plusieurs mosaïques qui ornaient les basiliques furent détruites, mais la plupart ne furent que recouvertes de stuc et de maçonnerie. Les mosaïques de Sainte-Sophie représentent le Christ Pantocrator, la Vierge, les apôtres et plusieurs empereurs byzantins.

113 À DROITE
Cette vue de l'intérieur de Sainte-Sophie montre la taille gigantesque de l'édifice et son architecture imposante, rehaussée par les panneaux de marbre polychrome, les galeries et les « loggias » de la partie supérieure. Le pavement actuel est postérieur à l'édification de la basilique.

114 EN HAUT À GAUCHE *Les coupoles qui surplombent la mosquée Bleue sont au nombre de trente. La coupole principale est soutenue, à l'intérieur, par quatre énormes colonnes cannelées, d'un diamètre de 5 mètres chacune. Les murs sont recouverts de carreaux de faïence bleue et azur, d'où le nom de l'édifice.*

114 EN HAUT À DROITE *Au centre de la cour de la mosquée du sultan Ahmet se dresse le* sardivan, *la fontaine des ablutions, dans un kiosque de marbre gris clair. On peut en outre admirer le portique aux proportions harmonieuses.*

114-115 Sur cette vue aérienne on aperçoit l'imposante masse de la mosquée Bleue, ou Sultan Ahmet Camii, autrement dit la « mosquée du sultan Ahmet ». Achevé en 1616, l'édifice fut dessiné par Mehemet Aga, un élève de Sinan.

115 À GAUCHE ET AU CENTRE À DROITE *L'intérieur de la mosquée Bleue est éclairé par d'énormes lampadaires circulaires. Les voûtes de l'édifice ont été peintes par le calligraphe Kasim Gubari. Au sommet du* mirhâb, *dans la niche de prière tournée vers La Mecque, est encastré un fragment de la Kaaba, la pierre noire sacrée de l'Islam.*

115 EN HAUT À DROITE *Cette vue d'ensemble de la mosquée Bleue est prise de l'esplanade des jardins qui la séparent de Sainte-Sophie. Elle est la seule mosquée au monde à posséder six minarets. Elle est entourée par un mur qui délimite aussi les bâtiments de l'école coranique ou* madrasa, *et de l'*imaret, *la cantine des pauvres.*

115 EN BAS À DROITE *Sur cette vue de la mosquée Bleue se détache, au premier plan, l'obélisque de Théodose. Soutenu par quatre cubes de bronze, le monument fut installé par l'empereur, soucieux de l'embellissement de la ville, aux abords de l'Hippodrome. Provenant d'Égypte, et réalisé à l'époque de Thoutmosis III (vers 1479-1425 av. J.-C.), il mesure 20 mètres de haut et fut taillé dans un seul bloc de porphyre.*

mosquée et, aujourd'hui, abrite un musée. Son architecture originale inspira, par la suite, l'édification de la basilique Saint-Marc, à Venise.

Aux petites coupoles qui entourent la coupole principale de Sainte-Sophie, les six minarets élancés de la mosquée voisine du sultan Hamet – appelée la mosquée Bleue à cause de la couleur des

faïences d'Iznik qui décorent l'intérieur de la mosquée – viennent apporter un contrepoint élégant. Les minarets se dressent à tous les angles d'Istanbul, pour rappeler l'harmonie immuable de l'Islam. Toutes les mosquées possèdent une école coranique, une cantine, un hôpital et un caravansérail.

De la cité byzantine il ne reste quasiment rien à l'exception de l'Hippodrome, dont les gradins, en d'autres temps, étaient remplis de « supporters » venus acclamer les courses. Réduit aujourd'hui à l'ombre de lui-même quand on imagine les richesses qu'il contenait autrefois, l'Hippodrome ne comporte plus que trois monuments : l'obélisque de Thoutmosis III, qui fut transporté de Karnak par Théodose, la colonne Serpentine prise à Delphes dans le sanctuaire d'Apollon et la colonne de Constantin VII. Depuis des

siècles, les splendides chevaux de bronze sont manquants : ils sont aujourd'hui abrités dans le musée de la basilique Saint-Marc, à Venise.

Une série d'allées et de ruelles, toutes en montées et descentes, serpente entre les maisons de bois ottomanes, dont quelques-unes ont été transformées en hôtels de charme. Ces ruelles mènent au gigantesque marché de Kapali Çarsi, le Grand Bazar. Une des entrées de la zone commerciale jouxte la mosquée de Beyazid, non loin d'une petite place ombragée et remplie d'étals proposant des livres anciens. Le bâtiment du bazar est intéressant pour son architecture faite d'arcades et de galeries, tandis que les magasins ont perdu, d'une certaine manière, le charme oriental qu'ils dégageaient autrefois : les tapis et les objets en cuivre, les peaux d'une excellente facture artisanale se mêlent, aujourd'hui, aux jeans et tee-shirts, tandis que ces contrastes sont infirmés par l'éternel rituel du verre d'*elmali çay*, le thé à la pomme. Les commerces sont au nombre de quatre mille, mais à l'inté-

116 EN HAUT
Une foule d'acheteurs potentiels sillonnent la zone des bijouteries du Grand Bazar (Kapali Çarsi). L'or turc est légèrement plus faible en carats et il est toujours proposé dans une version presque rouge, riche en cuivre.

116 EN BAS
Une série ininterrompue d'arcades flanque le Kapali Çarsi. Le marché abrite des restaurants, des cafés, un bureau de poste, des banques, un poste de police et une mosquée. Il est ouvert tous les jours, de 8 h 30 à 18 h 30, sauf le dimanche.

116-117 Il y a encore deux décennies, le Kapali Çarsi était fréquenté par les habitants d'Istanbul, qui venaient y acheter tout ce dont ils avaient besoin. Aujourd'hui, la plupart des marchands traditionnels ont cédé la place aux artisans et aux boutiques de souvenirs, en particulier de tapis à l'intention des touristes.

117 Trois photographies qui illustrent l'agitation commerciale : en haut à gauche, un vendeur de simit, *couronne de pain recouverte de graines de sésame; en haut à droite et en bas, le marché aux épices, ou marché égyptien, très coloré et parfumé.*

rieur du bazar, on trouve aussi des mosquées, des fontaines et des restaurants. Plus petit et plus « intime », juste en face du pont de Galata, à l'endroit où, autrefois, se pressaient les barques des pêcheurs venus vendre leur poisson frais ou à peine frits, le Misir Çarsisi, ou marché égyptien, offre une grande variété d'épices et autres produits. On y trouve de grands sacs remplis d'épices parfumés, d'insolites remèdes galéniques, de savons, de loukoums délicieux, de thé, de friandises et gâteaux au

118 EN HAUT À GAUCHE L'intérieur de la mosquée Suleymaniye Camii est vaste et lumineux, le sol est recouvert de tapis moelleux comme le veut la tradition musulmane et la zone réservée à la prière est strictement délimitée. La grandeur du projet de Sinan tient à la simplicité et à la rareté des «surcharges» architecturales.

118 AU CENTRE À GAUCHE Le mausolée de Soliman le Magnifique renferme le sarcophage du sultan et de nombreux membres de la famille royale ottomane. On notera la présence de turban en étoffe blanche posé sur certains tombeaux. Les faïences d'Iznik qui recouvrent les murs témoignent du degré de maîtrise artistique atteint à cette époque.

118 EN BAS À GAUCHE Dans la première cour de la mosquée on aperçoit, en face de la porte d'entrée, le kiosque des ablutions, ou sardivan, *de forme rectangulaire et réalisé en marbre blanc. Mimar Sinan, le grand architecte, projeta et réalisa cet édifice peu d'années avant la construction d'un autre chef-d'œuvre, la mosquée d'Edirne, en Thrace.*

118 AU CENTRE Image hivernale insolite de la mosquée de Soliman, la plus vaste de toutes les mosquées d'Istanbul. Elle fut construite sur une des collines dominant la Corne d'Or, le bras de mer qui divise la ville en deux. L'édifice fut achevé entre 1550 et 1557.

miel ou aux amandes, et mille autres choses, aux saveurs orientales.
À peu de distance de ce lieu, on débouche devant la mosquée Yeni Camii, petite mais aux proportions harmonieuses; de là, un dédale fascinant de ruelles flanquées de commerces en tous genres mène à la grande mosquée Suleymaniye, dont la construction fut confiée par Soliman le Magnifique au grand architecte Sinan. Le tombeau du

119 EN HAUT À GAUCHE À l'est de la mosquée, on tombe sur le cimetière rempli de pierres tombales et sur les chapelles, ou türbe, *de Soliman et de Roxelana, sa favorite. Sur cette photographie, on discerne le mausolée du sultan, dessiné par Sinan selon un plan octogonal avec une coupole et un portique à colonnes. L'intérieur est décoré de marbre et de majolique.*

119 EN HAUT À DROITE Les vingt-quatre colonnes byzantines en granite rose et marbre blanc de la cour intérieure proviennent de l'Hippodrome.

118-119 Le sultan Soliman II, surnommé le Magnifique, souhaitait une mosquée gigantesque et étonnante. Il confia son édification à Sinan, le plus grand architecte de l'époque impériale turque.

120 EN HAUT À GAUCHE *L'aqueduc de Valens desservit la ville jusqu'en 363 en apportant l'eau depuis les collines situées au nord d'Eyüp jusqu'au centre de la cité.*

120 EN HAUT À DROITE *Le nom de la citerne byzantine Yerebatan Sarayi («palais souterrain») n'est nullement usurpé. Cette construction est en effet digne d'un palais souterrain, avec ses voûtes soutenues par une forêt de 336 colonnes. Édifiée par Constantin le Grand afin de fournir abondamment en eau cette partie de la ville, la citerne a une contenance qui peut atteindre 80 000 m³.*

sultan et celui de son épouse préférée, Roxelana, se trouvent à l'arrière du bâtiment.

Non loin, on arrive à l'un des vestiges les plus imposants de la période romaine, l'aqueduc de Valens, qui transportait l'eau jusqu'à des centaines de citernes souterraines de la cité antique, dont la citerne byzantine de Yerebatan Sarayi, surnommée le «palais souterrain». Conçue par Justinien et soutenue par 336 colonnes, elle ressemble à un fantastique temple souterrain.

Lorsque l'on se dirige vers la partie extrême de la Corne d'Or, une autre hauteur constitue une étape obligée de toute visite d'Istanbul : c'est là, en effet, que s'élève la mosquée d'Eyüp, située dans le quartier éponyme. Elle est dédiée à Eyüp, qui était un disciple de Mahomet, et est ornée d'un cimeterre;

120-121 En 1458, dans le faubourg d'Eyüp, fut construite la mosquée consacrée au fidèle disciple de Mahomet, le sultan Eyüp, qui est enterré sous le bâtiment.

121 EN HAUT À GAUCHE *La coupole de la mosquée d'Eyüp est d'une extrême sobriété. Eyüp fut l'un des compagnons les plus fidèles de Mahomet, et son porte-étendard. Il mourut sous les murs de Constantinople en 670, pendant le siège infructueux de la ville mené par Yezid.*

121 EN HAUT À DROITE *Dans le cimetière de la mosquée d'Eyüp, les tombes des femmes sont décorées de bas-reliefs floraux; celles des hommes sont surmontées d'un turban.*

121 EN BAS À DROITE *La cour de la mosquée accueille le kiosque de la fontaine destinée aux ablutions. Le faubourg d'Eyüp était très apprécié par Pierre Loti. De la publication d'*Aziyadé *(1879) aux écrits politiques des années 1910, la Turquie tint une place de choix dans le cœur de l'écrivain.*

122 EN HAUT À GAUCHE
Superbe et sévère, le visage du Christ Pantocrator semble observer les fidèles dans le parekklesion. *Transformée pendant quelques siècles en mosquée, l'église est devenue un musée à l'issue des premières restaurations.*

122 EN HAUT À DROITE
On peut admirer quelques-uns des plus précieux panneaux de mosaïque dans la galerie qui sépare le premier accès au temple du second. La mosaïque que l'on voit ici se trouve sous la semi-coupole, où sont représentées des scènes de la vie de Marie.

122-123
Les mosaïques de l'église Saint-Sauveur-in-Chora (Kariye Camii), aujourd'hui transformée en musée, ont été préservées, intactes, en dépit des destructions qui ont caractérisé la période iconoclaste. Les mosaïques que l'on peut y admirer sont considérées comme les plus précieuses de l'art byzantin, tant par leur facture que par les thèmes représentés.

123 EN HAUT À DROITE
Le parekklesion *de l'église Saint-Sauveur-in-Chora renferme les plus beaux exemples de mosaïque représentatifs de l'art byzantin. Autrefois cette pièce servait de chapelle funéraire.*

l'intérieur, comme le veut la religion, est entièrement dépourvu de représentations du défunt et de figurations autres que calligraphiques ou florales. L'ultime joyau de cette partie de la ville est l'église Saint-Sauveur-in-Chora, aujourd'hui le musée Kariye. Transformé en mosquée, l'édifice byzantin original construit par Constantin le Grand à l'extérieur des murs de la ville, fut sauvé de la destruction dans la mesure où les merveilleuses mosaïques et fresques qui ornaient ses murs avaient été recouvertes. Ces Mosaïques byzantines, en parfait état de conservation, nous permettent d'apprécier des œuvres magnifiques qui représentent l'apogée de l'art byzantin : c'est le cas, notamment, de cette représentation du Christ Pantocrator, le « Tout-Puissant », la main droite levée, dans un geste de bénédiction caractéristique. Les panneaux relatent des épisodes de la vie du Christ, de la Vierge, et d'Adam et Ève. À la fin de l'Empire, la ville d'Istanbul s'étend sur l'autre versant de la Corne d'Or, sur la colline de Beyoglu, offrant à la cité de nouveaux quartiers propices à une modernisation future.

123 EN BAS À DROITE
Autrefois, l'église Saint-Sauveur-in-Chora était située à l'extrême périphérie de la ville, entre des champs et des vignes. Ayant servi un temps d'édifice monastique, abandonné durant le règne, troublé par la querelle des iconoclastes, de l'empereur Constantin V Copronyme, elle fut saccagée vers 770.

124 EN HAUT
La construction du palais de Dolmabahçe fut suivie du transfert définitif de la cour du palais de Topkapi sur la rive du Bosphore.

124 EN HAUT À GAUCHE
Une des portes d'entrée du palais de Dolmabahçe, construit sur la rive du Bosphore à l'emplacement d'un pavillon édifié en 1600. Un kilomètre de grilles délimite le jardin intérieur.

124 EN BAS À GAUCHE
Ce monumental escalier d'honneur fut commandité par le sultan Abdülmecit à l'architecte Balayan : l'influence des palais français, viennois et italiens est évidente.

124 EN BAS
On réalisa une splendide décoration lors de la construction de la coupole de la salle du trône. Le lampadaire du salon pèse quatre tonnes et peut recevoir 750 chandelles.

125 EN HAUT À GAUCHE
La tour de Galata, haute de 140 mètres, fut construite en 1300 par les marchands Génois pour servir de tour de guet.

125 EN HAUT À DROITE
La tour Seraskier, le « chapeau du Soldat », érigée par Mahmud II en 1823, abritait le ministère de la Guerre avant son transfert à Ankara.

124-125 Le palais de Dolmabahçe – dont on voit ici la salle du trône – fut construit entre 1843 et 1856, afin de démontrer la persistance d'un pouvoir pourtant sur le déclin.

Les quartiers de Pera, Galata et Taksim le prouvent, avec leurs vastes avenues flanquées de palais fin de siècle. À Taksim Square, on retrouve, le soir, les lumières et le mouvement caractéristiques de toutes les grandes métropoles de la planète. On y trouve les grands hôtels, le théâtre de l'Opéra, les commerces animés comme ceux d'Istiklal Caddesi et Cumhuriyet Caddesi, et les quartiers élégants.

Prendre un apéritif au Pera Palace ne doit pas être considéré comme une « mondanité » superflue, mais comme une étape obligée pour celui qui souhaite retrouver, un moment, l'Istanbul de la Belle Époque.

Désireux de se montrer novateurs, les derniers sultans, à partir de 1840, abandonnèrent Topkapi et déménagèrent dans des palais aussi somptueux que décadents construits sur la rive du Bosphore à côté de splendides résidences estivales en bois, reliées au-dessus de l'eau par de magnifiques promenades, chefs-d'œuvre en acier, aujourd'hui disparus. Dolmabahçe, le plus somptueux des palais en marbre, est un mélange de style oriental et d'influence européenne. Tout y est immense et redondant, brillant et surchargé, fait pour étonner. Ainsi la salle du trône est éclairée par un lampadaire de quatre tonnes !

En dépit d'un tel faste, le capricieux sultan Abdülaziz souhaita un autre palais sur le Bosphore. Il se satisfit de Ciragan, distant de seulement un kilomètre de Dolmabahçe, et sa copie conforme en matière de miroirs, stucs, cristal, décoration et jardins. Il fut détruit en grande partie par un incendie et, aujourd'hui, abrite un hôtel de luxe. Sur le versant oriental du Bosphore se détache le troisième palais ottoman fin de siècle : Beylerbey, comme prisonnier entre l'eau et un parc magnifique. À l'intérieur, on retrouve ce goût de la pompe et du faste – gigantesques candélabres de Bohème, porcelaine de Sèvres, tapis immenses ; en revanche, les pièces sont moins nombreuses.

Aux alentours d'Istanbul, au-delà de la rive du Bosphore, on découvre Adalar, ou l'île des Princes, un lieu insolite situé à quelque vingt kilomètres au sud de la ville, dans les eaux du Bosphore. Büyükada, Heybeliada, Burgaz et Kinali sont quatre petites îles où les ascètes venaient s'isoler et qui se sont transformées, aujourd'hui, en lieux de villégiature, avec leurs magnifiques villas ceintes de murs impénétrables, leurs hôtels et leurs excellents restaurants de poisson. On n'y circule pas en voiture mais seulement en calèche ou bicyclette. Ces îles possèdent quelques belles plages et une abondante végétation de fleurs.

POPULATIONS ET TRADITIONS

Des paysans anatoliens aux hommes d'affaires d'Ankara et d'Istanbul, le peuple turc est fier de son pays et aspire à l'unité. L'islam, de confession sunnite, est la religion de tous les Turcs, sauf pour une minorité chrétienne. Et en dépit d'une intensification certaine de l'orthodoxie religieuse ces dernières années, la Turquie demeure un pays tolérant, où la recherche d'une identité « stable » ne s'accompagne pas d'un durcissement excessif des positions religieuses. Le comportement de la majorité des Turcs envers la religion islamique est fait de respect et d'observance des préceptes religieux, sans basculer dans l'intégrisme.

Le visiteur étranger devra cependant se conformer à certaines règles afin de ne pas choquer les Turcs : se déchausser à l'entrée des mosquées, se vêtir de manière décente, ne pas se livrer à une consommation excessive de boissons alcoolisées.

Le noyau fondamental de la société turque est représenté par la cellule familiale. En effet, les liens familiaux jouent un rôle primordial. Les Turcs sont monogames, et la volonté du chef de famille est respectée. Si de nombreux mariages sont encore arrangés par les parents des époux, cette coutume tend à disparaître au sein des classes les plus cultivées et occidentalisées.

L'idée que tous les Turcs ont les cheveux foncés et portent des moustaches n'est qu'en partie vraie. En effet, sur les rivages de la mer Noire, comme en Anatolie, il n'est pas rare de rencontrer des Turcs, lointains descendants des soldats de l'armée d'Alexandre le Grand, aux yeux clairs et à la chevelure blonde.

Les femmes turques profitent d'une certaine indépendance, beaucoup tra-

126 à gauche
Moins nombreux qu'autrefois, les nomades sont encore bien présents sur le territoire turc. Le groupe le plus important de population nomade est celui des Yörük, qui a refusé les propositions du gouvernement favorisant leur sédentarisation.

126 en haut à droite
Cet étalage de fruits provenant d'une barque a été photographié non loin de Kekova. Il s'agit de paysans venus vendre leurs produits dans les villages enfouis dans les petits golfes sinueux de la côte, plus faciles à atteindre par la mer.

126 en bas à droite
La femme photographiée ici appartient à la population de la côte. La rigueur islamique n'a pas imposé le noir comme seule couleur.

126-127 Un groupe d'habitants de Diyarbakir. L'économie de la région est basée sur l'agriculture. Ses fruits sont renommés, et plus particulièrement les melons et les pastèques; ils font d'ailleurs l'objet d'un festival en septembre.

127 en haut à gauche
Deux visages comme on en rencontre souvent en Turquie : celui de la femme, non maquillée, entourée d'un voile, et celui de l'homme, avec son bonnet, qui a remplacé le fez, interdit par Kémal Atatürk.

127 en haut à droite
La çayeria *est l'endroit où l'on boit exclusivement du thé, qui est proposé dans une grande variété de parfums et sucré selon les goûts. Les feuilles de thé proviennent de la culture intensive sur les bords de la mer Noire. Le visiteur doit impérativement goûter au* elmali çay, *le thé à la pomme.*

vaillent, et quelque-unes peuvent atteindre des postes élevés, tandis qu'à la maison, elles sont le pivot de la famille, au sein de laquelle on tient compte de leur opinion. Elles exercent leur profession dans les secteurs les plus variés, usines, écoles, bureaux, ou artisanat, notamment dans la fabrication des tapis, une activité essentiellement féminine. Kilims et tapis noués sont réalisés selon une technique millénaire, et les motifs évoquent généralement des phénomènes naturels comme la pluie, les récoltes ou la fertilité. La production de tapis entre d'ailleurs pour une part non négligeable dans l'économie turque et son commerce extérieur.

La connaissance de la Turquie, pays aux multiples facettes, ne s'arrête pas à la

128 EN HAUT À GAUCHE
La ville de Kütahya a remplacé Iznik pour la fabrication des céramiques et faïences, souvent d'une grande valeur.

128 EN BAS À GAUCHE
Le travail de la dentelle atteint souvent un très haut niveau d'exécution et de raffinement.

128 EN HAUT À DROITE
Les thèmes géométriques reproduits sur les kilims *ont été également identifiés sur des morceaux de tissu retrouvés dans les grottes préhistoriques de Catal Hüyük.*

128-129 Cette scène, que l'on peut découvrir au musée de la Maison turque à Ankara, reproduit fidèlement la cuisine d'une demeure aisée d'il y a un siècle environ.

129 EN HAUT À DROITE
Traditionnellement faite à la main par les femmes, la cueillette du coton ne s'est que depuis peu mécanisée.

129 AU CENTRE À DROITE
Les inflorescences blanches sont d'abord remisées dans des entrepôts, avant que l'on en fasse des balles expédiées ensuite dans les cotonneries.

129 EN BAS À DROITE
Il y a encore quelques années, la teinture des écheveaux de laine se faisait exclusivement avec des couleurs d'origine naturelle.

130 EN HAUT
Le bain est un moment de rencontre et d'échange de nouvelles, d'opinions, ou encore de propositions d'affaires. Les horaires et les jours de fréquentation sont différents pour les hommes et les femmes.

130-131 L'habitude de se retrouver au hammam, bains publics où l'on se fait masser et brosser vigoureusement, est largement ancrée dans la vie traditionnelle turque.

visite des musées et des monuments, à la fréquentation des bazars et des plages. La Turquie est faite de coutumes, de rites et de traditions auxquels les étrangers peuvent avoir accès.
Le bain turc, ou hammam, notamment, est une expérience à laquelle on ne peut se soustraire. Même si, aujourd'hui, les habitations modernes sont largement équipées en installations sanitaires, le hammam fait toujours partie intégrante de la vie quotidienne turque, une coutume héritée des traditions romaine et byzantine. Les meilleurs hammams des grandes villes furent construits et décorés avec le même soin que celui apporté à l'édification des mosquées : marbres, céramiques de qualité, fontaines sculptées, coupoles et verres colorés.
Les heures auxquelles les hommes et les femmes peuvent prendre leur bain sont différentes. Après avoir été exposé à une forte vapeur, on se fait masser et brosser vigoureusement sous l'eau froide, puis on se détend en sirotant un verre de thé et en discutant.
Un sport qui, malgré la force des coups portés, est toujours assidûment pratiqué est le *Yağli Güres*, ou lutte libre. Originaire de Thrace, elle exige que les lutteurs soient nus jusqu'à la taille et enduits d'huile pour rendre plus difficile la prise de l'adversaire.
Le tournoi annuel le plus suivi se déroule en juillet, à Kirkpinar, et réunit mille lutteurs qui sont éliminés au cours de nombreuses heures de lutte.
En Turquie, les fêtes religieuses sont toujours respectées et suivies avec la famille au grand complet. Leurs dates varient chaque année en fonction de

131 EN HAUT À DROITE *L'un des sports les plus appréciés en Turquie est la lutte libre, au cours de laquelle les deux concurrents s'affrontent à mains nues. Le corps est entièrement enduit d'huile afin de rendre la prise encore plus difficile, et l'unique vêtement est un pantalon en peau. La lutte libre est originaire de la Thrace et remonterait à l'époque romaine.*

131 EN BAS À DROITE *En Turquie, un joueur de tambour scande les moments les plus importants de la lutte. La compétition se déroule à Edirne, au stade, et attire un public très nombreux.*

132 EN HAUT À GAUCHE
Un muezzin entonne son rappel du sommet d'un minaret. Les paroles d'Allah sont rappelées aux fidèles cinq fois par jour.

132 EN BAS À GAUCHE
Les fidèles sont assis à l'intérieur de la mosquée d'Edirne, un des chefs-d'œuvre de l'architecte Sinan. La photographie a été prise pendant le Ramadan, mois pendant lequel le Coran impose un jeûne absolu. À l'arrière-plan, on aperçoit les magnifiques motifs des faïences majoliques d'Iznik.

132 AU CENTRE À DROITE
Vue de l'intérieur de la mosquée Bleue à Istanbul. En arrière-plan se détache l'élégante silhouette du minbar, *le haut pupitre duquel l'imam entonne la prière.*

leur position sur le calendrier islamique. Le *Kurban Bayrami*, ou Fête du Sacrifice, revêt la même importance que la fête de Noël chez nous. Elle est célébrée en souvenir d'Abraham qui, pour ne pas désobéir à Dieu, faillit sacrifier son fils Isaac. C'est pour cette raison que chaque famille sacrifie un chevreau et le déguste sans oublier d'en garder une part pour les plus pauvres. De nombreux citadins se rendent à la campagne pour célébrer le *Kurban Bayrami* et passer ainsi la journée à au grand air.
Souvent on invite aussi les amis à participer au *Kurban Bayrami*, objet de quatre jours de fête nationale qui, généralement, tombent entre la fin du printemps et le début de l'été.
Le Ramadan est observé pendant trente jours, mais seuls les plus pratiquants appliquent strictement la règle.
Célébrée à la fin du Ramadan, *Seker Bayram* est une fête nationale : pendant trois jours, on échange des présents et on déguste des mets extrêmement sucrés, pour le plus grand bonheur des enfants.
Outre ces fêtes religieuses, la cérémonie du mariage est la plus importante et engage les familles à se rendre visite et à échanger des cadeaux. Le jour fixé donne lieu à des festivités qui, souvent, grèvent lourdement le budget des deux familles.
Les Turcs aiment la musique depuis l'époque reculée où le *mehter*, l'orchestre des janissaires, accompagnait et soutenait de manière sonore les actions belliqueuses pendant les batailles. En Anatolie, des *asik* ambulants, moitié conteurs, moitié chanteurs, se déplaçaient de village en village en faisant résonner leur instrument à cordes et en entonnant des chansons ironiques.
Aujourd'hui, en dehors de la musique occidentale, les Turcs continuent à apprécier les chants traditionnels, mais sous une forme actualisée : les mélodies anciennes aux sonorités très agréables sont accompagnées de textes aux thèmes contemporains.

133 L'intérieur de la mosquée Suleymaniye à Istanbul, lors de la prière du vendredi. Malgré les efforts de Moustafa Kémal Atatürk pour faire de la Turquie un État laïque, le réveil de l'islam, que l'on peut observer dans le monde entier, explique que les mosquées turques soient à nouveau l'objet d'une fervente fréquentation.

INDEX

Les folios en *italique* renvoient aux pages des légendes.